# hotel bewertungen

## richtig nutzen

ALEXANDER FRITSCH | HOLGER SIGMUND

MATTHAES VERLAG GMBH

ISBN 978-3-87515-080-3


Satz, Gestaltung und Bildbearbeitung: JuKa Satzschmiede, Oberrot
Umschlaggestaltung: Büroecco Kommunikationsdesign GmbH, Augsburg

Bildnachweis:
Umschlag: © istock @Daniel Laflor | © HolidayCheck | © TripAdvisor
Inhalt: © Accor Hotels 121 | © Auracher Löchl S. 115 | © Best Western Deutschland S. 77, 141 | © booking.com S. 133 | © Boutique Hotel Stadthalle, Wien S. 150 | © Colourbox.com S. 38 (© Sigrid Olsson), 39, 86 | © DDR Museum, Berlin S. 18, 81 | © Ferienart Resort S. 144 | © Flickr, Dennis Goedegebuure S. 46 | © Flickr, Gwyneth Anne Bronwynne Jones S. 15 | © Flickr, Mike Gifford S. 45 | © HAMBURG Tourismus GmbH S. 160 | © HolidayCheck S. 51, 59, 68, 80 (beide oben), 90, 118, 126 (mitte) | © Hotel Hochzillertal S. 155 | © Julia Püschel/photos-by-jules.blogspot.co.at S. 44 | © Kronplatz-Resort Berghotel Zirm S. 153 | © Lufthansa Holidays S. 27 | © Markus Gmeiner/Tourismuspartner S. 176 | © Oberstaufen Tourismus S. 157 | © Rocco Forte Hotels S. 148 | © Seaside Hotels S.L. S. 139 | © Sonnenklar.tv S. 26 | © Tourismuspartner S. 6, 17, 43, 70, 120, 122 | © TripAdvisor S. 16, 34 (alle), 41, 47, 58, 69, 80 (unten links), 83, 103, 126 (links) | © www.25hours-hotels.com S. 79, 128 | © www.allgaeu-resort.de S. 78 | © www.guestcomment.com S. 84 | © www.kesselskramer.com S. 40 | © www.prizeotel.com S. 129 | © Zoover S. 126 (rechts)


Printed in Germany

# INHALT


1. Einleitung ..... 5

2. Hotelbewertungsportale im Überblick ..... 8

2.1 Relevante Online-Reiseportale mit Bewertungen ..... 9
2.2 Google und Bewertungen ..... 13
2.3 Social Networking Portale ..... 15
2.4 Besonderheiten bei Restaurant-Bewertungen ..... 17

3. Hintergrundwissen zu Bewertungen ..... 19

3.1 Hotelbewertungen im Buchungs-Entscheidungsprozess ..... 19
3.2 Psychologie von Bewertungen ..... 22
3.3 Über den Tellerrand geblickt ..... 26

4. Das Erwartungsprinzip ..... 29

4.1 Auswirkungen von Erwartungen auf Hotelbewertungen ..... 29
4.2 Authentisch und transparent die eigenen Leistungen kommunizieren ..... 37
4.3 Positive Bewertungen erhalten ..... 41
4.4 Beispiele für Überraschungen ..... 43

5. Rechtliche Rahmenbedingungen ..... 50

5.1 Unwahrheiten, Fotos & Co. ..... 50
5.2 Authentizität und Manipulationen ..... 55
5.3 Wie die Online-Portale Authentizität gewährleisten ..... 58

6. Hotelbewertungen managen ..... 61

6.1 Online-Reputation Management entwickeln ..... 62
6.2 Monitoring der Online-Reputation ..... 66
6.3 Software zur Unterstützung ..... 67
6.4 Online-Instrumente der Hotelbewertungsportale ..... 68
6.5 Den Erfolg langfristig sichern ..... 70

7. Bewertungen sammeln ..... 74

7.1 Die Bewertungsanzahl entscheidet über den Erfolg ..... 74
7.2 Gäste zu Bewertungen motivieren ..... 75

## 8. Auf Bewertungen reagieren ........ 85

8.1 Wann kommentieren? ........ 85
8.2 Authentische und stilsichere Kommentare verfassen ........ 90
8.3 Beispiele für Hotelierkommentare ........ 97
8.4 Reaktion bei Stammgästen ........ 104
8.5 Übungen ........ 105

## 9. Bewertungen für das eigene Qualitätsmanagement nutzen ........ 112

9.1 Das »Importance Performance« Modell ........ 112
9.2 Beschwerdemanagement und Gästezufriedenheit ........ 117
9.3 Feedback in interne Prozesse integrieren ........ 123

## 10. Bewertungen in Marketing & Sales verwenden ........ 125

10.1 Bewertungen in die Website integrieren ........ 126
10.2 Mit Bewertungen im klassischen Marketing arbeiten ........ 129
10.3 Bewertungen für das Revenue Management & Sales nutzen ........ 132

## 11. Erfahrungsberichte ........ 136

11.1 Seaside Hotels, Kanarische Inseln ........ 136
11.2 Best Western Hotels Deutschland ........ 141
11.3 Ferienart Resort & Spa, Saas-Fee ........ 144
11.4 Rocco Forte Villa Kennedy, Frankfurt ........ 147
11.5 Boutique-Hotel Stadthalle, Wien ........ 149
11.6 Kronplatz-Resort Berghotel Zirm, Südtirol ........ 152
11.7 Hotel Hochzillertal, Tirol ........ 155
11.8 Oberstaufen Tourismus, Allgäu ........ 157
11.9 Hamburg Tourismus ........ 160

## 12. Ausblick ........ 164

12.1 Ausblick der Autoren ........ 165
12.2 Gastbeitrag: HolidayCheck ........ 167
12.3 Gastbeitrag: TripAdvisor ........ 170
12.4 Quellen ........ 172
12.5 Autoren ........ 176

# 1 Einleitung

### *Vom Hundehalsband bis zum Toilettenpapier – Bewertungen sind überall!*

Wenn Sie beim größten Online-Kaufhaus der Welt, Amazon, eine Digitalkamera suchen, haben Sie momentan die Auswahl aus Tausenden verschiedenen Geräten der selben Preisklasse. Nach welchen Kriterien entscheiden Sie da? Vielleicht fragen Sie Bekannte oder Freunde, Sie lesen Tests oder orientieren sich am Preis. Aber Hand aufs Herz: Wie sehr lassen Sie sich von den allgegenwärtigen Produktbewertungen beeinflussen? Würden Sie eher zum Gerät mit 2 Sternen oder mit 5 Sternen greifen?

Nicht anders stellt sich die Situation im Tourismus dar: Auch hier hat der Konsument die volle Auswahl – global und sehr transparent. In den meisten Regionen und zu den meisten Zeiten besteht sogar ein massiver Angebotsüberhang mit entsprechender Konkurrenz.

> ***Hotelbewertungen haben sich über die letzten Jahre zu einem der wichtigsten Themenbereiche für die Hotellerie entwickelt. Der Einfluss auf die Buchungsentscheidung des Gastes ist gewaltig.***

Übrigens: Auch zu Hundehalsbändern und Toilettenpapier finden Sie eine erkleckliche Anzahl Bewertungen – Probieren Sie's aus!

## Wo Hotelbewertungen überall eine Rolle spielen

*BMW-Navigationssystem mit Integration von (Google)-Bewertungen*

Auf der Fahrt mit einem Mietwagen von BMW zu einem Seminartermin hielt das Navigationssystem eine unerwartete Überraschung bereit:

Es zeigte zu Hotelempfehlungen entlang der Fahrtstrecke auch gleich Bewertungen an. Mittlerweile wird über »BMW ConnectedDrive« sogar die Bewertungsplattform Qype direkt eingebunden[1]. Auch arbeitet der Hersteller daran, direkt aus dem Auto eine komplette Hotelbuchung zu ermöglichen[2].

Doch nicht nur in der zunehmend mobilen Internetnutzung spielen Hotelbewertungen eine wichtige Rolle. Immer mehr Online-Portale, Reiseveranstalter und Tourismusorganisationen integrieren Hotelbewertungen, um ihren Kunden die Hotelauswahl zu erleichtern. Gleichzeitig verkaufen sich bewertete Produkte besser. Kunden legten schon immer Wert auf »Social Proof« – also die soziale Bestätigung, zum Beispiel in Form einer persönlichen Empfehlung. Der Kunde von heute holt sich »Social Proof« häufig über Online-Kanäle und dies hat tiefgreifende Konsequenzen – vor allem für die bewerteten Unternehmen.

## Die richtigen Gäste finden

*»Die Zimmer waren ausreichend groß und modern eingerichtet. Die Matratze war nicht bequem. Die Minibar war sehr spärlich ausgestattet. (...) Die Saunalandschaft war sehr gemütlich. Leider gab es nur Tee und kein Wasser (nur aus dem dafür vorgesehenen Brunnen). Anwendungen konnten wir leider keine mehr buchen, da alles ausgebucht war.«*

Das ist ein Ausschnitt aus einer Hotelbewertung für ein 5-Sterne-Hotel. Insgesamt wurde der Hotelaufenthalt von diesem Gast als negativ bewertet. Ist diese Bewertung für das Hotel ein Beinbruch? Keinesfalls, ganz im Gegenteil: Ein potenzieller neuer Gast, der diese Bewertung liest, wird sich folgende Fragen stellen:

- ★ Wer hat diese Bewertung geschrieben? Kann ich mich mit dieser Person identifizieren?
- ★ Wann ist eine Matratze aus Sicht des Bewerters »bequem«?
- ★ Wie wichtig ist mir eine gut ausgestattete Minibar?

Ganz nebenbei bekommt der Leser wichtige Informationen mitgeliefert, zum Beispiel Wellness-Anwendungen sind besser im Voraus zu buchen oder dass es in der Saunalandschaft kostenlos Tee und Wasser gibt.

Jede Hotelbewertung ist eine subjektive Meinung der Person, die die Bewertung abgegeben hat. Und in jeder Bewertung spiegeln sich persönliche Vorlieben, manchmal auch charakterliche Eigenschaften, wider. Die wichtige Frage ist, ob sich potenzielle neue Kunden mit dem Bewerter identifizieren und welche Schlüsse sie daraus ziehen. Somit haben Hotelbewertungen den Effekt, dass die richtigen Gäste das richtige – nämlich für sie passende – Haus finden.

### *Schlechte Qualität verkauft sich nicht mehr*

Hat Ihr Betrieb Schwächen? Dann können Sie davon ausgehen, dass Sie demnächst darüber im Internet im Detail nachlesen werden. Das hat weniger mit Hotelbewertungen zu tun, als vielmehr mit dem Internet als öffentlichem Medium.

Noch vor einigen Jahren war es nahezu unmöglich, schlechte Erfahrungen einer größeren Öffentlichkeit mitzuteilen, außer man hätte sich die Mühe und Kosten gemacht, eine Anzeige in einer Zeitung zu schalten.

Stellen Sie sich vor, Sie haben einen Urlaub in einem miserablen Hotel verbracht. Im Vor-Internetzeitalter haben Sie von dieser Erfahrung vielleicht Ihren Verwandten, Freunden oder Bekannten berichtet. Personen ohne Ihren Erfahrungsbericht haben ganz einfach denselben Urlaub wie Sie gebucht und wahrscheinlich Ähnliches erlebt. Schlechte Qualität konnte am Markt überleben. Das hat sich heute grundlegend geändert: Schlechte Qualität verkauft sich nicht mehr. Ganz einfach darum, weil schlechte Qualität öffentlich wird – im »social« gewordenen Internet.

Zum Schluss aber noch eine gute Nachricht, speziell für Hoteliers: In Hotelbewertungen lesen Sie vor allem positive Erfahrungsberichte. Rund 80 % der Bewertungen sind positiv, sowohl bei TripAdvisor als auch bei HolidayCheck und anderen Portalen. Warum das so ist, können Sie unter anderem in diesem Buch nachlesen.

Bregenz, im Januar 2013

Alexander Fritsch und Holger Sigmund

# Hotelbewertungs-portale IM ÜBERBLICK

Weltweit existieren weit über 100 Online-Portale, die Hotelbewertungen sammeln. Neben den klassischen Hotelbewertungsportalen wie z. B. TripAdvisor, HolidayCheck, Zoover & Co. integrieren auch Online-Buchungsportale Bewertungen.

### *Bewertungen als Chance*

Lange Jahre lag bei Online-Buchungsplattformen der Hauptfokus auf dem Preis. Die Reihung von Hotels erfolgte nach dem Prinzip des günstigsten Preises. Das hatte oftmals die Folge, dass Hotels versuchten, durch eine geschickte Preisdarstellung (z. B. Differenzierung über Eckpreise oder Reduzierung der Grundleistung) möglichst weit vorne gereiht zu werden. Mittlerweile kann man sich getrost auf die Qualität konzentrieren. Denn viele Portale reihen ihr Angebot inzwischen nach »Beliebtheit« bzw. Bewertungen. Die Folge: Der hohe Preisdruck in der Branche sinkt allmählich zugunsten des Qualitätsanspruchs der Gäste. Das macht durchaus Sinn: Denn »beliebtes« Angebot verkauft sich offensichtlich viel besser als »billiges« Angebot.

## Relevante Online-Reiseportale mit Bewertungen[a)]

| Portal | Besonders relevante Märkte | Geschäftsmodell[2] | Bewertungssystem | Hotelier-kommentar möglich? |
|---|---|---|---|---|
| TripAdvisor | International | Click-Out | 1 – 5 Punkte | Ja |
| HolidayCheck | Deutschsprachige Länder | Online-Reisebüro | 1 – 6 Sonnen, Weiterempfehlung | Ja |
| Zoover | Benelux | Click-Out | 1 – 10 Punkte | Ja |
| Qype | International | Click-Out | 1 – 5 Sterne | Ja |
| trivago | International | Click-Out | Fasst Preise und Bewertungen verschiedener Portale zusammen + eigenes System mit 1 – 10 Punkten | Ja |
| Booking | International | Online-Reisebüro | 1 – 10 Punkte | Nein |
| Expedia | International | Online-Reisebüro | 1 – 5 Punkte, Weiterempfehlung | Ja |
| Venere | Italien, International | Online-Reisebüro | 1 – 10 Punkte | Ja |
| Hotels.com | International | Online-Reisebüro | 1 – 5 Punkte | Ja |
| HRS | International, Deutschsprachige Länder | Online-Reisebüro | 1 – 10 Punkte, »Wohlfühlfaktor« | Ja |
| Tiscover | Deutschsprachige Länder | Online-Reisebüro | 1 – 5 Punkte | Ja |
| hotel.de | Deutschsprachige Länder | Online-Reisebüro | 1 – 10 Punkte, Weiterempfehlung | Nein |
| Holidaytest.de | Deutschsprachige Länder | Online-Reisebüros | 1 – 5 Punkte, Weiterempfehlung | Nein |

a) Stand: Oktober 2012, eigene Auswahl

2 Meist Kombination verschiedener Modelle, dominierendes Modell

### *TripAdvisor*

TripAdvisor ist das am meisten besuchte Urlaubs- und Reiseportal der Welt. Mit über 75 Millionen Bewertungen bietet TripAdvisor auch die höchste Anzahl von Gästefeedbacks[3]. TripAdvisor war bis Ende 2011 Teil der Expedia-Unternehmensgruppe und ist seitdem als eigenständiges Unternehmen börsennotiert. Die Arbeit mit TripAdvisor ist für Unterkunftsbetriebe besonders dann relevant, wenn sie eine internationale Gästestruktur bedienen. TripAdvisor arbeitet nach dem sogenannten »Click-Out«-Modell, das auch unter der Bezeichung »Affiliate-Marketing« bekannt ist: Nutzer können zu Hotels Preise vergleichen und werden für die Buchung dann zum jeweiligen Online-Anbieter weitergeleitet. TripAdvisor verdient als Affiliate-Partner des jeweiligen Buchungskanales eine entsprechende Provision.

Hotels haben die Möglichkeit, sich kostenlos für die »Management-Zentrale« zu registrieren und damit den Eintrag auf TripAdvisor zu verwalten, auf abgegebene Bewertungen zu reagieren und diverse Marketing-Instrumente kostenlos zu nutzen.

## HolidayCheck

HolidayCheck ist ein zur deutschen Tomorrow Focus AG (Hubert Burda Medien) gehörendes Unternehmen mit Sitz in der Schweiz. Monatlich werden bis zu 25 Millionen Besuche auf den Online-Portalen verzeichnet. HolidayCheck ist besonders relevant, wenn Sie Urlauber aus deutschsprachigen Ländern zu Ihren Gästen zählen. Außerdem stark vertreten ist HolidayCheck auch in Frankreich und Polen. Seit der Übernahme von Zoover (Niederlande) im Sommer 2012 nehmen beide Unternehmen gemeinsam laut Eigenangabe die marktführende Rolle für Hotelbewertungen in Europa ein.

HolidayCheck betätigt sich als klassischer Reisemittler/Reisebüro mit rund 100 Buchungspartnern (Reiseveranstalter, Online-Reisebüros). Sofern ein Hotel einen Vertrag mit einem Reiseveranstalter (z. B. mit der TUI, einem Veranstalter der REWE Touristik oder der Thomas Cook AG) oder einen Vertrag mit einem Online-Reisebüro wie z. B. Booking hat, ist es damit automatisch bei HolidayCheck buchbar. Hotels haben die Möglichkeit, sich für den HolidayCheck »HotelManager« zu registrieren; alle Funktionalitäten zur Verwaltung des Eintrages sind kostenlos.

## Zoover

Zoover ist das wichtigste Online-Portal für Hotelbewertungen der Beneluxländer. Zoover betreibt derzeit 24 unterschiedliche Länderportale, unter anderem auch eigene für Deutschland, Österreich und die Schweiz. Umsatz wird durch das »Click-Out«-Modell gemacht.

Auch bei Zoover ist es möglich, über ein Hotelier-Login Einfluss auf die eigene Darstellung zu nehmen sowie auf abgegebene Hotelbewertungen zu antworten. Mit einem kostenpflichtigen »Premium Account« kann ein Link zur Hotel-Website sowie Banner für individuelle Angebote gebucht werden.

## Qype

Qype ist laut Eigenangabe Europas größtes lokales Empfehlungsportal. Auf diesem Portal werden nicht nur Hotels, sondern auch Restaurants, Bars oder Dienstleistungen bis hin zu Ärzten und Behörden bewertet. Der etwas exotische Name Qype leitet sich übrigens vom Slogan »Quality or Hype?« ab. Derzeit existiert Qype in 10 unterschiedlichen Sprachversionen. Hotelinhaber können sich kostenlos anmelden und die eigene Darstellung mit Fotos, Texten, Downloads und Kontaktinformationen ergänzen. Zudem kann auf Bewertungen mit einem Kommentar reagiert werden.

## trivago

trivago ist ein Unternehmen mit Sitz in Deutschland, welches sich auf die »Metasuche« von Hotels spezialisiert hat. Laut eigener Angaben betreibt trivago damit den weltweit größten Hotelpreisvergleich.

In den 31 verschiedenen Länderportalen werden die Hotelbewertungen anderer Portale (z. B. HolidayCheck, Booking.com, Venere, Zoover, u. a. m.) integriert und auf einen Index von 100 Punkten umgerechnet.

Zusätzlich können Nutzer über trivago selbst Bewertungen auf einer Skala von 1–10 abgeben. Zu diesen Bewertungen können angemeldete Hoteliers auch Hotelierkommentare schreiben. Des Weiteren ist es kostenlos möglich, den Hoteleintrag zu vervollständigen und Marketingmaterial zu nutzen.

## *Booking*

Wie die meisten anderen Online-Buchungsportale integriert Booking ein eigenes Bewertungssystem. Der europäische Marktführer unter den Hotelbuchungsplattformen hat mittlerweile über 17 Millionen Hotelbewertungen gesammelt.

Booking gehört zur US-amerikanischen Priceline-Gruppe. Laut eigenen Angaben besuchen jeden Monat weltweit über 30 Millionen Urlauber die Websites von Booking. Das Portal ist in 41 Sprachen verfügbar und bietet über 240.000 Hotels zur Buchung an. Online-Bucher werden nach dem Aufenthalt automatisch per E-Mail aufgefordert, eine Hotelbewertung abzugeben. Hotels können momentan keinen Hotelierkommentar schreiben.

## *Expedia, venere und Hotels.com*

Expedia.com wurde 1996 vom Software-Riesen Microsoft ins Leben gerufen und bezeichnet sich heute als die größte Reiseplattform weltweit. Seit 1999 ist Expedia als NASDAQ-notiertes Unternehmen eigenständig. Zu Expedia gehören unter anderem die Marken Hotels.com, venere.com und Egencia, letzteres mit reinem Business-Travel-Angebot. Laut Expedia werden unter der Marke ›Expedia‹ 30 Länderseiten weltweit betrieben, mit der Marke Hotels.com sind es weitere 75 Länderportale in verschiedenen Sprachen.

Expedia.com ist eigentlich ein Online-Reiseveranstalter und nicht nur Hotelvermittler. Es werden neben Einzelhotels auch Flüge, Pauschalreisen, Mietwagen u.v.m. angeboten. Hotels.com und venere.com sind reine Online-Buchungsportale für Unterkünfte und somit wie booking.com als Mittler tätig.

Bewertet werden Hotels bei allen Expedia-Portalen, wobei kein einheitliches System genutzt wird, sondern jede Plattform ihr eigenes Bewertungssystem integriert hat und teilweise auf TripAdvisor-Bewertungen zurückgreift. Auf allen Portalen können Bewertungen von Seiten des Hoteliers kommentiert werden.

## *HRS, Tiscover und hotel.de*

Zu HRS gehören auch die eigenständigen Portale Tiscover und hotel.de. Im deutschsprachigen Raum kann sich HRS an der Spitze der Online-Buchungsplattformen für Hotels behaupten und ist Marktführer bei Geschäftsreisenden. Die Firma wurde bereits 1972 gegründet, also schon lange vor dem Internetboom.

Laut HRS werden aktuell weltweit etwa 250.000 Hotels angeboten, bei hotel.de 210.000 Hotels. Das Geschäftsmodell ist ein klassisches Online-Reisebüro, also die Reisevermittlung. Die Bewertungen sind recht umfangreich ausführbar. Ein Hotel wird in mehreren Bereichen/Kategorien bewertet, gleichzeitig werden jeweils Durchschnittswerte dargestellt. Bei HRS und Tiscover kann der Hotelier mit einem Kommentar auf Bewertungen reagieren, bei hotel.de nicht.

Tiscover stellt eine Besonderheit für alpine Destinationen dar. Der Anbieter wurde 2008 von HRS übernommen und zum Urlaubsportal für die Alpen umgebaut. Mit dem Einzug von Bewertungen bei Tiscover zeigen auch immer mehr Tourismusorganisationen auf Orts- und Destinationsebene, die Tiscover als Systempartner haben, Bewertungen ihrer Betriebe an.

### *Holidaytest.de*

HolidayTest ist das Bewertungsportal der Unister Gruppe. Mit den Portalen Ab-in-den-Urlaub.de, Hotelreservierung.de und reisen.de gehört Unister zu den erfolgreichsten Online-Reisebüros im deutschsprachigen Raum. HolidayTest gibt an, mehr als 200.000 Bewertungen gesammelt zu haben. Die Abgabe von Bewertungen ist prinzipiell von jedem möglich, egal ob über das Portal gebucht worden ist oder nicht. Zusätzlich zu den Gästebewertungen werden sogenannte Expertenbewertungen von Reisebüromitarbeitern des Portals angezeigt. Ein Hotelierkommentar ist derzeit nicht möglich.

## +++ TIPP

Kontrollieren und optimieren Sie regelmäßig Ihre Darstellung auf den für Ihren Betrieb relevanten Bewertungs- und Buchungsportalen. Alle Portale bieten laufend neue Möglichkeiten oder setzen Design-Änderungen um. Scheuen Sie sich nicht, bei Fragen oder Probleme die Portale direkt zu kontaktieren. Die meisten Portale nehmen Kundenservice ernst und sind bemüht, weiterzuhelfen.

Generell gilt: In je mehr Online-Portalen Ihr Hotel mit vollständigen Angaben und attraktiven Fotos dargestellt wird, umso sichtbarer und damit findbarer sind Sie für potenzielle neue Gäste.

+++

## Google und Bewertungen

Suchmaschinen nehmen eine herausragende Rolle bei der Urlaubsrecherche ein. Mit rund 85 % globalem Marktanteil ist Google bei Suchmaschinen de facto ein Monopolunternehmen. In Deutschland hat Google einen Marktanteil von 93 %, in der Schweiz von 95 % und in Österreich sogar von 97 %[4]. Der Tourismus gehört übrigens zu den wichtigsten Werbeträgern bei Google: So investiert allein das Online-Buchungsportal Booking.com rund 40 Millionen Dollar pro Jahr in bezahlte Anzeigen bei Google, den sogenannten ›Google AdWords‹.

Google hat in den letzten Jahren Suchergebnisse immer stärker »lokalisiert«. Das heißt, dass bei immer mehr Suchresultaten die Örtlichkeit sowie die Branche eines Betriebes eine entscheidende Rolle spielen. Sucht ein Nutzer in Google z. B. ›Hotel München‹, so werden Betriebe aus den sogenannten ›Google+ Local‹-Ergebnissen (bis Mitte 2012 ›Google Places‹ genannt) dargestellt.

Diese ›Google+ Local‹-Ergebnisse werden durch ein eigenes Google-Bewertungssystem ergänzt.

### Hintergrund

- ★ Bewertungen können nur von Google-Nutzern erstellt werden. Seit Mitte 2012 ist es dafür notwendig, ein sogenanntes »Google+«-Konto zu besitzen. Vor- und Nachname des Bewerters werden angezeigt.
- ★ Google-Bewertungen werden vor der Freischaltung nicht kontrolliert.
- ★ Bei Hotelbewertungen können Nutzer in den Dimensionen »Qualität«, »Räumlichkeiten« und »Service« je bis zu 3 Punkte vergeben.
- ★ Die Durchschnittsbewertung wird mit 10 multipliziert. Folglich ist eine Maximalbewertung von 30 erreichbar.
- ★ Derzeit wird die Durchschnittsbewertung erst ab 10 abgegebenen Bewertungen ausgegeben. Bis dahin wird allgemein auf »Google-Bewertungen« hingewiesen.
- ★ Auf Google-Bewertungen kann seitens des Hotelmanagements ein Kommentar geschrieben werden. Dies erfolgt über das »Google Places«-Konto des Nutzers für das Hotel.

### +++ TIPP

Kontrollieren Sie erhaltene Bewertungen und melden Sie aus Ihrer Sicht unangemessene Bewertungen (mit Schmähkritik, Schimpfworten, Eigennamen, unwahren Behauptungen) über das bei Google vorgesehene Online-Formular.

+++

Neben der prominenten Darstellung der Google-Bewertungen innerhalb der Suchergebnisse verlinkt Google zusätzlich zu Bewertungen verschiedenster Quellen. Welche »Weitere Bewertungen« bei einem Hotel angezeigt werden, kann übrigens nicht direkt beeinflusst werden.

Auch im neuen ›Google Hotel Finder‹ spielen die Google-Hotelbewertungen eine wichtige Rolle. So können Nutzer die Suchergebnisse nach den Bewertungen filtern und sortieren sowie Bewertungstexte nachlesen (vgl. www.google.de/hotels).

## +++ TIPP

Sammeln Sie zumindest 10 Google-Bewertungen für Ihr Hotel. Damit wird in den Suchergebnissen Ihr Bewertungsdurchschnitt angezeigt und Sie erhöhen die Chance, bei »lokalisierten« Suchanfragen besser gelistet zu werden.

+++

# Social Networking Portale

Social Networking Portale wie Facebook oder Google+ spielen bei Hotelbewertungen eine zunehmend bedeutende Rolle. Die Grenzen zwischen diesen Diensten und klassischen Hotelbewertungsportalen verschwimmen dabei immer mehr.

## *Facebook*

Facebook ist das größte soziale Netzwerk der Welt. Auch wenn mittlerweile eine gewisse »Facebook Fatigue«[5] (Facebook »Ermüdung«) beobachtbar ist, so kann das Netzwerk auch die Online-Reputation von Unternehmen beeinflussen.

Auch auf Facebook können Meinungen zu Hotels formuliert und ausgetauscht werden, zum Beispiel als:

★ Kommentar/Post auf der Facebook-Seite des Hotels
★ Kommentar/Post auf der eigenen Facebook-Seite des Nutzers
★ Kommentar/Post auf der Seite eines über Facebook verbunden Freundes des Nutzers

Nur in der ersten Variante kann das betroffene Hotel überhaupt auf das Nutzer-Feedback reagieren. Werden Kommentare auf der eigenen Facebook-Seite eines Nutzers oder auf Seiten eines Freundes abgegeben, so sind diese Inhalte in der Regel weder für das Hotel, noch für andere Nutzer sichtbar. Die meisten Inhalte bei Facebook werden mit der Privatsphäre-Einstellung »nicht öffentlich« platziert. Neben der Pflege der eigenen Facebook-Seite hat ein Hotel daher kaum eine Möglichkeit, die eigene Online-Reputation auf Facebook allgemein zu kontrollieren.

Da im Gegensatz zu klassischen Bewertungsportalen das Gästefeedback in freier Form erfolgt, sind die Auswirkungen negativer Kommentare im Normalfall begrenzt und somit meist unproblematisch. So hat Feedback via Facebook weder Auswirkungen auf die Durchschnittsnoten oder das Ranking in klassischen Bewertungsportalen, noch erreicht es eine vergleichbare hohe Anzahl Nutzer.

Nicht empfehlenswert ist in diesem Zusammenhang das »Säubern« der hoteleigenen Facebook-Seite von negativen Kommentaren (außer z. B. bei falschen oder rufschädigenden Aussagen).

## *Twitter*

Twitter ist ein sogenannter »Microblogging«-Dienst, der es erlaubt, maximal 140 Zeichen lange »Tweets« (Statusupdates/Kurznachrichten) an Benutzer zu senden, die diesem Benutzer folgen. Die Popularität von Twitter ist global sehr unterschiedlich. Die Verbreitung in deutschsprachigen Ländern ist im Vergleich zu anderen Regionen derzeit zu vernachlässigen[6]. Sofern Ihr Hotel nicht selbst auf Twitter aktiv ist, ist die Wahrscheinlichkeit von Twitter-Feedbacks über Ihren Betrieb sehr begrenzt.

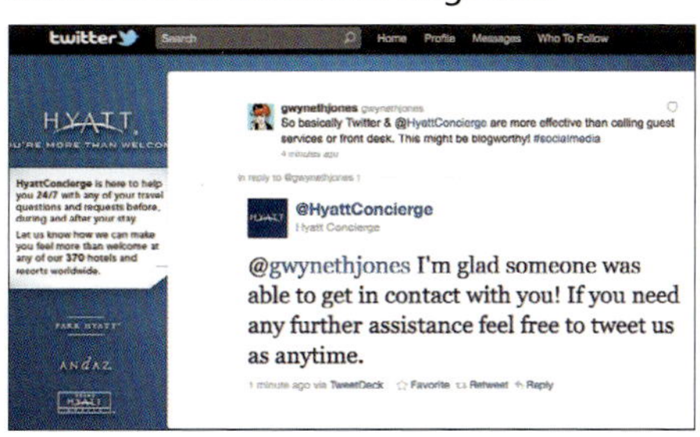


*Screenshot: Gästeservice via Twitter bei Hyatt Hotels*

## Google+

Google+ ist ein soziales Netzwerk des Suchmaschinenriesen, welches in direkter Konkurrenz zu Facebook steht. Es bietet ähnliche Möglichkeiten und wird immer stärker mit den Suchfunktionalitäten von Google gekoppelt. Für den Umgang mit Gästefeedbacks in Form von Posts/ Kommentaren gelten die gleichen Prinzipien wie bei Facebook. Google+ und das Google-eigene Bewertungssystem werden zunehmend intensiver miteinander verbunden. So werden beispielsweise über ›Google+ Local‹ direkt Hotels, Restaurants & Co. inklusive deren Bewertungen integriert.

## Bewertungen werden »social«

Hotelbewertungen werden immer stärker mit den Möglichkeiten sozialer Netzwerke verknüpft. So kann das TripAdvisor-Benutzerkonto mit dem eigenen Facebook-Profil gekoppelt werden. Als Resultat werden die Hotelbewertungen und Aktiviäten der über Facebook verbundenen »Freunde« prominent dargestellt.

Alle eigenen Bewertungen können nach Wunsch automatisch mit den Facebook-Freunden geteilt werden. Mittlerweile wird jede vierte Bewertung bei TripAdvisor von einem über Facebook verbundenen Nutzer geschrieben[7].

Ein Ende dieser Entwicklungen ist nicht absehbar. Eines scheint gewiss: Hotelbewertungen werden immer stärker mit persönlichen Empfehlungen kombiniert und soziale Netzwerke sind eine hervorragende Möglichkeit dazu.

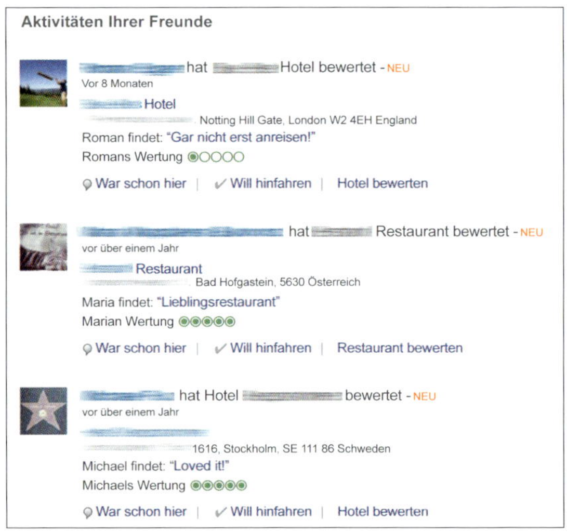


*Erfahrungsberichte von Facebook-Freunden bei TripAdvisor*

## Besonderheiten bei Restaurant-Bewertungen

*Markus Schauer*

Im Wesentlichen unterscheiden sich Gastro- und Hotelbewertungen kaum voneinander. Erfahrungsberichte über Restaurantbesuche werden allerdings je nach Portal in anderen Dimensionen als Hotelaufenthalte bewertet – beispielsweise in den Bereichen Service, Essen, Preis-Leistungs-Verhältnis oder Ambiente des Restaurants.

*Eine Bäckereikette bittet ihre Kunden per QR-Code um Feedback*

### *Relevante Bewertungsportale für die Gastronomie*

Auf großen Portalen wie TripAdvisor, Qype oder Google werden neben Hotels auch Restaurants bewertet. Zusätzlich gibt es spezialisierte Plattformen. Manche dieser Portale haben nur regionale Bedeutung (z. B. www.restaurant-kritik.de, www.restauranttester.at), manche sind aber auch international relevant, wie zum Beispiel Yelp (www.yelp.de) oder golocal (www.golocal.de). Nicht zu unterschätzen sind außerdem Reiseplanungsportale wie www.viamichelin.de, deren Inhalte sich teilweise auch auf Navigationssystemen wiederfinden. Auch auf mobilen Diensten von Netzwerken wie foursquare oder Facebook kann ein Gastronomiebetrieb Gästefeedback erhalten.

### *Die mobile Nutzung von Bewertungen hat besondere Bedeutung*

Bereits heute hat ein Drittel aller Google-Suchanfragen auf Smartphones einen lokalen Bezug[8]. Gerade bei Restaurants hat der Zugriff auf Bewertungen von unterwegs Bedeutung: Eine Restaurantentscheidung erfolgt meist spontaner und intuitiver als eine Hotelbuchung. Smartphones erleichtern die Auswahl, da sie den Gast per GPS-Ortung mit den Möglichkeiten in seiner direkten Umgebung versorgen. Nicht nur die Suche nach Restaurants, auch die Bewertungsabgabe erfolgt vermehrt mobil. So kann ein Gast noch im Restaurant per Handy seinen Besuch bewerten und sogar per Foto dokumentieren.

*Flyer des Restaurants »Domklause« im DDR-Museum*

Gastronomiebetriebe können diesen Umstand nutzen, in dem sie zum Beispiel mithilfe von QR-Codes auf Speisekarten, Flyern oder Getränkeuntersetzern Gäste zu Bewertungen motivieren. Auch die von den Portalen offerierten Marketingmittel wie Aufkleber, Gütesiegel oder Auszeichnungen sind hilfreich. Weitere Ideen dazu finden Sie in Kapitel 7 ab Seite 74.

## Beispiel

Die Restaurant-Bar-Lounge »das TURM« in Wien beschäftigt sich seit zwei Jahren intensiv mit dem Thema Online-Bewertungen. Zum einen wird Monitoring auf den diversen Plattformen betrieben, zum anderen wird auf Beschwerden mit einer Stellungnahme reagiert. Vor Ort werden die Gäste während der Rechnungslegung mithilfe eines Flyers animiert, eine Bewertung auf TripAdvisor, Qype oder RestaurantTester.at abzugeben.

*Markus Schauer ist selbstständiger Hotelmanagementberater, Trainer und Coach.*

# Hintergrundwissen
ZU BEWERTUNGEN

## Hotelbewertungen im Buchungs-Entscheidungsprozess 3.1

Das Internet ist in deutschsprachigen Ländern zur wichtigsten Informationsquelle für die Buchungsentscheidung geworden. Damit hat die Online-Recherche auch persönliche Empfehlungen, Reiseführer oder Tourismusbüros in der Bedeutung locker überholt[9].

### *Im Durchschnitt wird einen Arbeitstag lang recherchiert*

Unglaubliche 9 Stunden verbringt ein deutscher Nutzer für die Urlaubsrecherche im Internet. Dabei besucht er im Durchschnitt 13 verschiedene Websites. Ein gutes Viertel der Nutzer recherchiert sogar zwischen 12 und 25 Stunden und nutzt dabei bis zu 50 verschiedene Websites[10]. Laut Google unternimmt ein Nutzer durchschnittlich 55 Suchanfragen, bevor er eine Reiseleistung tatsächlich kauft[11].

Dies ist auch der Grund dafür, dass gern verwendete Fragebogen-Formulierungen à la »Wie sind Sie auf uns aufmerksam geworden?« keine aussagekräftigen Ergebnisse mehr bringen: Viele Gäste wissen schlichtweg gar nicht mehr, wo sie ein Hotel das erste Mal gesehen, Preise oder Bewertungen verglichen oder gar gebucht haben.

### *Wie läuft der Online-Rechercheprozess ab?*

Generell sind Verallgemeinerungen zum Online-Rechercheprozess kaum möglich. Im Rahmen einer Studie der Falkensteiner Hotels wurde versucht, Trends zu identifizieren. Dazu wurden rund 3.600 der eigenen Gäste befragt. Hier einige ausgewählte Ergebnisse[12]:

> ## Gut zu wissen
>
> ★ In einer frühen Phase des Online-Rechercheprozesses vor der Buchung werden vor allem Suchmaschinen verwendet. 2/3 der Befragten gaben an, zunächst einmal zu »googlen«.
>
> ★ Nahezu alle der befragten Gäste besuchten vor der Buchung die Website des Hotels.
>
> ★ Nur knapp 2 % benutzten Social Networks wie zum Beispiel Facebook für die Urlaubsrecherche.
>
> ★ Ein Drittel gab an, Reservierungsportale für die Suche zu benutzen.
>
> ★ Zwei Drittel besuchten Hotelbewertungsportale.

Bewertungen werden von der überwiegenden Mehrheit der Gäste in die Urlaubsentscheidung mit einbezogen. Mit leichten Abweichungen je nach Land und Zielgruppe nehmen Hotelbewertungen eine sehr bedeutende Rolle innerhalb des Buchungs-Entscheidungsprozesses ein. Bei einer Studie in den USA gab die Hälfte der befragten Reisenden sogar an, dass sie ein Hotel ohne Bewertungen nicht mehr buchen würden[13].

Betrachtet man den Moment der Buchungsentscheidung – also den Zeitpunkt der Entscheidung für oder gegen ein bestimmtes Hotel –, so zeigt sich ein noch deutlicheres Bild. Die Modul University Wien hat in einer Studie die relative Wichtigkeit verschiedener Einflüsse bei der Buchungsentscheidung untersucht[14].

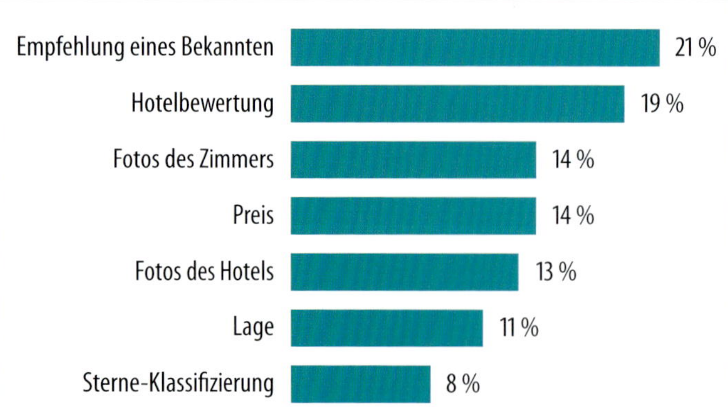


Quelle: MODUL University Wien, n= 346

Das Ergebnis: Persönliche Empfehlungen und Hotelbewertungen haben relativ gesehen den höchsten Einfluss auf die Buchungsentscheidung. Darauf folgen Fotos des Zimmers, der Preis, Fotos des Hotels sowie die Lage. Die Sterne-Klassifizierung wurde in der Studie als der relativ gesehen unwichtigste Aspekt identifiziert.

## *Ist die Sterne-Klassifizierung überflüssig?*

Natürlich müssen solche Ergebnisse mit der notwendigen Sorgfalt interpretiert werden: Eine Sterne-Klassifizierung hat ihre Berechtigung. Vor allem in einer frühen Buchungsphase hilft sie vielen Reisenden, die Fülle von Unterkunftsbetrieben in grobe Leistungsgruppen einzuordnen. Die zunehmende Zahl unklassifizierter Betriebe aber zeigt, dass auch ohne Sterne erfolgreich gewirtschaftet werden kann. So ist zum Beispiel das Luxushotel Kameha Grand in Bonn zwar Mitgliedsbetrieb bei den »Leading Hotels of the World«, nimmt aber nicht an der offiziellen Klassifizierung teil.

Eine Klassifizierung allein bringt heutzutage keine Gäste mehr ins Haus. In Großbritannien wurde sogar ernsthaft diskutiert, die offizielle Hotelklassifikation komplett abzuschaffen – TripAdvisor & Co. würden schließlich einen viel besseren Nutzerservice bieten[15].

Ob die in der Studie beschriebenen Einflüsse bei der Buchungsentscheidung auch bei Ihnen ihre Wirkung entfalten, probieren Sie am besten selbst aus – wenn Sie Ihre nächste eigene Urlaubsreise online recherchieren.

## *Das Positive überwiegt*

»Die Bewertungsplattformen sind für viele Gäste ein Kanal, um Rache am Hotelier zu nehmen, denn wenn schon mal was schiefläuft und man dann im Hotel nicht als Kunde, sondern als Störenfried wahrgenommen wird, hat man immer noch den Kanal der öffentlichen Beschwerde.«[16]

***Selbst anerkannte Tourismus-Trendforscher teilen mit vielen Hoteliers diese negative Sichtweise. Doch die nüchternen Zahlen beweisen etwas anderes: Bei HolidayCheck sind 87 % der Hotelbewertungen positive Weiterempfehlungen und die Durchschnittsbewertung liegt bei knapp 5 von 6. Bei TripAdvisor beträgt der Anteil an positiven Bewertungen gut 80 % und die Durchschnittsbewertung liegt bei rund 4 aus 5 Punkten[17]. Das heißt: Vor allem gute Qualität und positive Urlaubserfahrungen werden anderen Nutzern mitgeteilt!***

Beste Voraussetzungen für alle Hoteliers, die ihre Gäste mit einer guten Leistung zu Online-Bewertungen motivieren.

## 3.2 Psychologie von Bewertungen

Geben Sie selbst Hotelbewertungen ab? Wie oft nutzen Sie Hotelbewertungen, um sich vor Ihrem Urlaub über Hotels zu informieren? Fakt ist, dass die meisten Gäste Bewertungen in der Buchungsphase lesen, die wenigsten aber selbst einen Kommentar abgeben. Nur 1 % der Nutzer von Bewertungsplattformen schreibt Hotelbewertungen[18]. Oder umgekehrt formuliert: 99 % der Nutzer werden durch die Meinung einer sehr kleinen Minderheit beeinflusst. Jede veröffentlichte Hotelbewertung wird von potenziellen Gästen viele Male angeklickt und vielleicht auch gelesen.

### *Warum Gäste bewerten*

Was meinen Sie: Warum machen sich Gäste überhaupt die Mühe, eine Bewertung abzugeben? Schließlich sind es eben nicht nur die Nörgler und Besserwisser, die ihre Meinung online und öffentlich kundtun wollen.

Bestimmt wird Sie folgende Studie überraschen: Die meisten Nutzer, die bei TripAdvisor Bewertungen abgegeben haben, nannten als Hauptgründe dafür, anderen Nutzern und/oder dem Hotel zu »helfen«. Mehr als 90 % der 7.000 befragten Personen stimmten dieser Aussage zu. Relativ unwichtig waren übrigens Gründe wie z. B. »Rache üben« (10 % stimmten diesem Grund zu). Weitere Gründe für negative Bewertungen waren »andere vor schlechtem Service warnen«, »Vergeltung« oder auch »dem Ärger Luft machen«.[19]

Wenn Gäste nicht bewerten, wird »keine Zeit« als Hauptgrund genannt. Ein weiterer Grund ist die »Unsicherheit beim Schreiben« – nicht jeder fühlt sich zum Verfassen von Kommentaren berufen.

### *Warum Hotelbewertungen gelesen werden*

Bewertungen werden generell dazu genutzt, Kaufentscheidungen abzusichern. Und das nicht nur in der Hotellerie: So erhielt allein der Reader ›Kindle‹ des Online-Händlers Amazon bis dato weit über 100.000 Kundenbewertungen. Tourismusangebote sind für den Gast sehr viel schwerer greifbar. Die Leistungen sind hinsichtlich der Qualität vor Reiseantritt kaum einschätzbar. Anders als Konsumgüter sind touristische Produkte (hauptsächlich) nichtmaterielle Leistungen.[20] Eine Reise ist aus einer Vielzahl von Leistungen zusammengesetzt (Übernachtung, Verpflegung, Transport, Freizeitangebot, etc.). Es ist im Fachjargon ein sogenanntes »komplementäres Produkt«. Beschaffenheit und Qualität sind von mehreren Akteuren bestimmt und daher viel schwieriger kontrollier- und darstellbar. Die »Produktion« findet zeitgleich mit der Konsumation statt (uno-actu-Prinzip) und bringt mit sich, dass das Tourismus-Produkt nicht lagerfähig ist. Der Gast selbst wird zum Produktionsfaktor.

Dementsprechend erklären sich die Hauptgründe für die Nutzung von Hotelbewertungen[19]:

- ★ Das touristische Produkt kennenlernen und Ideen erhalten (Destination, Hotel, Service, ...)
- ★ Alternativen evaluieren
- ★ Das Vertrauen in die Buchungsentscheidung erhöhen
- ★ Einen Eindruck bekommen, wie es vor Ort sein wird
- ★ Risiko / Unsicherheit reduzieren
- ★ Die Entscheidung erleichtern
- ★ Eine Reise effizienter planen

Auch die in Deutschland seit Jahren durchgeführte Reiseanalyse bescheinigt den enormen Einfluss von Reisecommunities und Bewertungsportalen auf die Reiseentscheidung: Knapp 60 % der Befragten gab an, dass die Nutzung einer solchen Website die eigene Entscheidung bestätigt hat[21].

## *Die »Weisheit der Masse«?*

Konsumenten orientieren sich an Durchschnittswerten, um Kaufentscheidungen zu treffen. Dies erklärt auch die hohe Bedeutung von Durchschnittsnoten oder Weiterempfehlungsraten in Portalen. Der Nutzer verlangt nach Orientierung im Überangebot an Destinationen und Hotels. Dabei vertraut er gerne der Mehrheitsmeinung (»Social Proof«). Rund 80 % der Reisenden ignorieren extreme Bewertungen und bilden sich ihre Meinung aufgrund einer allgemeinen Analyse der Feedbacks sowie Fotos und Beschreibungen des Unternehmens.[22]

Stellen Sie sich vor, Sie suchen in einer Ihnen fremden Stadt ein Restaurant für ein gepflegtes Abendessen. Werden Sie eher ein Lokal wählen, das bereits gut besucht ist oder eines, in dem Sie zu den ersten Besuchern dieses Abends zählen? Die meisten Menschen werden das gut besuchte Restaurant wählen. Wer keine eigene Meinung hat, schließt sich lieber der Mehrheit an. Selbst Dreijährige handeln bereits nach diesem Prinzip[23]. In Bezug auf Hotelbewertungen ist beobachtbar, dass mit der Bewertungsanzahl auch die »Popularität« des Hauses und in Folge das Buchungspotenzial steigt.

### *Wie Nutzer ticken*

Informationen aus Bewertungsportalen werden je nach Fortschritt der Recherchearbeit unterschiedlich verwendet.[24] Hat jemand gerade erst mit der Suche nach einer geeigneten Unterkunft begonnen – und steht somit noch am Beginn seiner Entscheidung -, haben Bewertungen reinen »Informationscharakter«. Das bedeutet, dass sich ein Nutzer an »Ankern« wie Weiterempfehlungsraten, Gütesiegel oder Gesamtnoten orientiert, um eine Auswahl treffen zu können. Erst im weiter fortgeschrittenen Entscheidungsprozess nimmt er die Inhalte selektiver wahr. Ist eine Vorauswahl getroffen, interessieren ihn die Details. Folgerichtig werden einzelne Bewertungen gelesen und miteinander verglichen.

## +++ TIPP

Behalten Sie für das Kommentieren von Bewertungen im Hinterkopf: Die Leser sind potenzielle Gäste, die sich bereits für Ihr Haus interessieren und es in eine engere Auswahl genommen haben.

+++

### *Positiv- und Negativspirale*

Kritischen Meinungen wird von Nutzern in der Regel mehr Gewicht beigemessen als positiven. Sie gelten als Garant für Glaubwürdigkeit. So werden negative Bewertungen viel öfter gelesen. Negativfeedback gehört zu einer realistischen Leistungseinschätzung mit dazu.

## Gut zu wissen

Beachten Sie bei Bewertungen auch die »hilfreich«-Angaben anderer Nutzer. Positive Bewertungen werden meist als »hilfreicher« empfunden als negative. Außerdem interessant ist der sogenannte »Dissonanzeffekt«: Je mehr Aufwand ein Nutzer bereits in die Suche nach einem Reiseziel oder -angebot investiert hat, desto eher wird er nach bestätigenden Bewertungen suchen und negative Kommentare ausblenden.[24]

Hat ein Hotel hauptsächlich positive Gästefeedbacks, so ist eine »Positivspirale« zu beobachten: Tendenziell fallen dann neue Bewertungen mit negativen Aspekten positiver aus, als wenn sie bei einem Hotel mit hauptsächlich negativen Feedbacks abgegeben werden (»Negativspirale«). Der Bewerter schließt sich offensichtlich der Mehrheitsmeinung an und fühlt sich durch die Bewertungen anderer Gäste bestätigt.

Für den Umgang mit Bewertungen heißt das: Eine insgesamt positive Darstellung macht weniger anfällig für negative Gästekommentare. Selbst wenn ein solcher einmal auftaucht, ist das halb so schlimm. Es schafft ein realistisches, glaubwürdiges Bild. Gäste wissen, dass es das perfekte Hotel nicht gibt.

### *Wichtigkeit von Hotelbewertungen bei der Reiseentscheidung*

Hotelbewertungen beeinflussen die Reiseentscheidung enorm, wie verschiedene Studien belegen. So auch eine Untersuchung im Auftrag des Verbandes Internetreisevertrieb (VIR). Dabei wurden über Tausend Internetnutzer befragt, wie sehr sie sich bei der Wahl der Unterkunft von Bewertungen beeinflussen lassen. Nur 4 % gaben an, sich »wenig« beeinflussen zu lassen. Der Rest (96 %) gab zu, sich »sehr« oder zumindest »etwas« beeinflussen zu lassen.[25] Ein Drittel der Nutzer ändert eine bereits getroffene Buchungsentscheidung nach dem Besuch von Social Media Seiten wie zum Beispiel Hotelbewertungsportalen.[26]

## Gut zu wissen

Die Steigerung des Bewertungsdurchschnitts um 10 % wirkt sich mit fast 5 % mehr Buchungen aus. Das ergab eine Studie, bei der auf einem Buchungsportal als Experiment für bestimmte Hotels Bewertungsdurchschnitte zeitweise erhöht und wieder gesenkt wurden.[27] Das Ergebnis ist jedoch relativ zu sehen. Schließlich kommt es immer auf die Mitbewerberbetriebe an. Wie ernst nehmen diese das Thema Hotelbewertungen? Welche Bewertungsdurchschnitte werden in welchen Portalen erzielt? Kann sich ein Hotel mit einem besseren Bewertungsdurchschnitt beispielsweise in der Liste der am besten bewerteten Hotels einer Region von Platz 3 auf Platz 1 vorarbeiten, könnte dies mehr als 5 % Zuwachs bei den Buchungen bringen. Eine Verbesserung von Platz 45 auf Platz 39 hingegen wird sich wahrscheinlich nicht so stark auswirken.

## 3.3 Über den Tellerrand geblickt

Hotelbewertungen werden oftmals nur im Kontext von Hotel- und Gastronomiebetrieben und deren Gästen gesehen. In Wahrheit hat der Themenkomplex in vielen weiteren Bereichen Einfluss erlangt.

### *Hotelbewertungen zur Einstufung der Kreditwürdigkeit*

Manche Banken verwenden Hotelbewertungen zur Beurteilung von Investitionsentscheidungen oder Kreditvergaben. Sie machen sich damit ein Bild über die aktuelle und zukünftige Entwicklung von Unternehmen. Neben Aspekten zur Qualität von Infrastruktur und Service können auch Informationen zur Professionalität des Hotelmanagements eine Rolle spielen (z. B. in der Art und Weise, wie Gästefeedbacks beantwortet werden). Damit spielt die »Online-Reputation« eines Betriebes nicht nur auf der Ebene der Gäste, sondern viel genereller eine entscheidende Rolle. Ähnlich wie soziale Netzwerke bei der Personalbeschaffung verwendet werden (»Bewerber googlen«), finden Geschäftspartner, Lieferanten und auch Banken online wichtige Anhaltspunkte.

### *Integration von Bewertungen auf Vertriebskanälen*

Immer mehr Destinationen und Reiseveranstalter integrieren Bewertungen sowohl online als auch in Broschüren und Katalogen. Sie nutzen den Verkaufsvorteil von gut bewerteten, »beliebten« Hotels. Der Fokus liegt bei Veranstaltern und Online-Reservierungsportalen auf der Steigerung der Buchungszahlen. Destinationen können darüber hinaus aktiv Einfluss auf die Qualität des örtlichen Angebotes nehmen.

*Hotelbewertungen bei »sonnenklar.TV«*

So arbeitet der Reise-Sender sonnenklar.TV der FTI Gruppe bei vielen Angeboten prominent mit der Angabe von Werten aus HolidayCheck. In der Abbildung werden die Weiterempfehlungsrate des Hotels, die hohe Anzahl von Bewertungen und die Auszeichnung »TopHotel« als wichtige Verkaufsargumente eingesetzt.

Reiseveranstalter und Online-Buchungsportale integrieren entweder eigene Bewertungssysteme oder nutzen Inhalte von Drittanbietern à la TripAdvisor, HolidayCheck & Co., wie die nächste Abbildung aus dem Portal ›Lufthansa Holidays‹ von der deutschen Airline in Zusammenarbeit mit Thomas Cook zeigt.

Auch immer mehr Tourismusorganisationen entscheiden sich dafür, Bewertungen auf deren offiziellen Destinationsportalen darzustellen. Beispiele dazu finden sich in Kapitel 11 ab Seite 136.

## *Wenn Hotelbewertungen den Zugang zu Vertriebskanälen gefährden*

In Destinationen, die im Vertrieb sehr abhängig von Reiseveranstaltern sind, können Hotelbewertungen den Marktzugang massiv bedrohen. So sind in den klassischen Mittelstrecken-Destinationen wie beispielsweise den Balearen, Kanaren, Griechischen Inseln, Türkei oder Ägypten die Hotels sehr viel abhängiger von Bewertungen als in den deutschsprachigen Destinationen. Bei Seminaren in diesen Ländern haben wir dieses Thema immer wieder mit Hotelmanagern diskutiert. Reiseveranstalter achten beim Hoteleinkauf auf die Bewertungsdurchschnitte und setzen klare Vorgaben, ab welchen Werten ein Produkt aus dem Sortiment genommen wird. »*Mindestens vier von fünf Gästen müssen ein Haus weiterempfehlen, damit es auf Dauer im Katalog bleiben kann*«, verlautbarte zum Beispiel die REWE Touristik im Juli 2011[28].

## *Hotelbewertungen noch während des Aufenthaltes*

Ein Artikel der Online-Ausgabe des Wall Street Journals titelte »*'I Hate My Room,' The Traveler Tweeted. Ka-Boom! An Upgrade!*« (»Ich hasse mein Zimmer, tweetet der Reisende. Kabumm! Ein Upgrade!«). Es wird beschrieben, wie ein Konferenz-Gast via Twitter diese Kurznachricht absetzt, die Rezeption dies mitbekommt und sofort mit einem Zimmer-Upgrade reagiert[29].

Das Beispiel aus den USA zeigt, was uns in Zukunft noch bevorsteht. Die Herausforderung wird sein, solche Feedbacks mitzubekommen und darauf prompt zu reagieren. Damit steigt auch die Komplexität von Hotelbewertungen. Sie werden direkter, schneller und emotionaler ausfallen, weil der Gast seine Situation sofort auf Facebook & Co. »postet« oder bei Twitter »tweetet«.

## Gut zu wissen

Gäste nehmen ihren Urlaub vor und nach der Reise positiver wahr als während des Aufenthalts selbst. Dieser Effekt wird von Psychologen »Rosige-Ansichten-Phänomen« genannt. Wir erleben Hochgefühle, wenn wir planen und buchen. Wenn also die Realität die Fantasien noch nicht zerstört hat. Und in der Zeit nach dem Urlaub neigen wir dazu, negativ Erlebtes zu vergessen und unsere Erinnerungen an die Vorfreude anzupassen.[30] Rechnen Sie also damit, dass Bewertungen während des Aufenthaltes tendenziell negativer ausfallen könnten.

# DAS Erwartungsprinzip

## 4.1 Auswirkungen von Erwartungen auf Hotelbewertungen

Erwartungen spielen bei Hotelbewertungen eine zentrale Rolle. Wie oft liest man in Bewertungen Formulierungen wie »Wir haben uns mehr erwartet« oder »Es war besser als erwartet«? Seit Längerem werden die Zusammenhänge zwischen Erwartungen und Hotelleistungen sowie deren Auswirkungen auch wissenschaftlich untersucht. In Fachkreisen wird vom »Konfirmations-/Diskonfirmationsparadigma« gesprochen[31]. Diesen Zungenbrecher können Sie getrost wieder vergessen – wichtig ist nur, dass Erwartungen und Hotelbewertungen sehr stark zusammenhängen.

***Vor dem Aufenthalt baut ein Gast Erwartungen auf. In Folge werden diese mit den während des Aufenthalts wahrgenommenen Leistungen bewusst und unbewusst verglichen.***

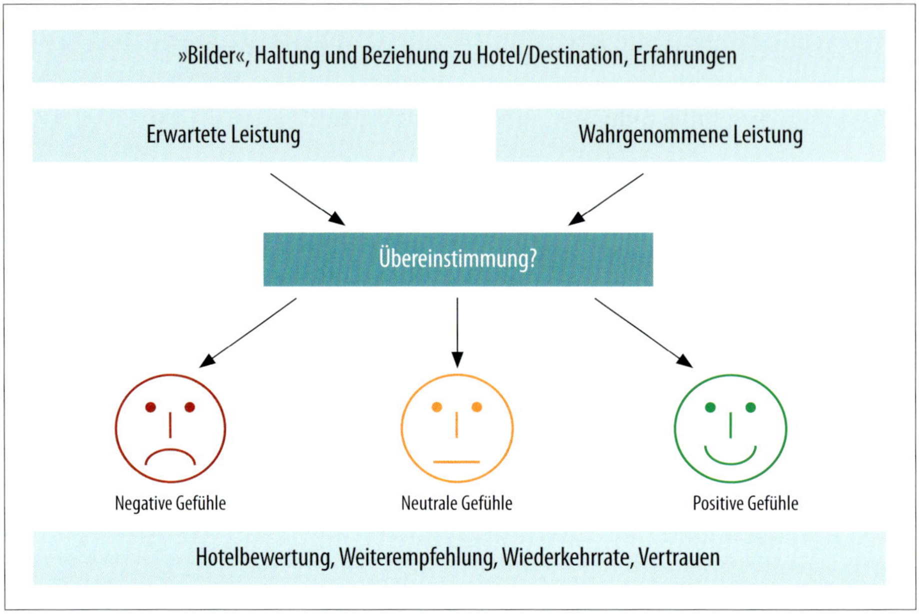


## *Welche Faktoren können Gästeerwartungen beeinflussen?*

Erwartungen zu Produkten und Dienstleistungen entstehen durch unterschiedlichste Faktoren. Fragen Sie sich doch einmal selbst, wieso Sie ganz bestimmte Erwartungen zum Beispiel an Ihr Lieblingsrestaurant oder an Ihr für den nächsten Städtetrip ausgewähltes Hotel haben.

Hier eine Auswahl an Faktoren, die Einfluss auf die Erwartungshaltung an Hotels haben:

### *Hotelbewertungen*

Viele Gäste informieren sich vor, aber auch nach einer Buchung im Detail über Hotelleistungen. Dort erwarten sie neutrale Einschätzungen von anderen Gästen, denen sie mehr Vertrauen schenken als der Eigenwerbung des Hotels. Das kann soweit gehen, dass Gäste exakt wissen, welche Produkte es im gebuchten Hotel auf dem Frühstücksbüfett gibt, mit wie viel Grad Wassertemperatur im Swimmingpool zu rechnen ist und welche Größe die Handtücher im Badezimmer haben.

### *Klassifizierung*

Klarerweise haben Gäste an ein 4-Sterne-Hotel andere Erwartungen als an eine 2-Sterne-Pension. Mit der Anzahl der Sterne steigen auch die Erwartungen und damit das Enttäuschungs-Risiko.

Da sich die Sterne-Klassifizierung in den meisten Ländern immer noch sehr unterschiedlich gestaltet, sind Hotels mit dem Phänomen konfrontiert, dass die Gäste je nach Herkunft die Klassifizierung kritisieren (»Dieses Hotel hat keine 5 Sterne verdient«). Einen einfachen Ausweg aus diesem Dilemma gibt es nicht. Berechtigte Gäste-Kritik reduziert jedoch automatisch das Erwartungsniveau neuer Gäste, sodass langfristig genau jene Gäste das Hotel buchen, deren Erwartungen es entspricht.

### *Marken*

Marken haben einen starken Einfluss auf Kaufentscheidungen. So weiß man beispielsweise aus Experimenten, dass bei Blindverkostungen von Colagetränken alle Produkte ähnlich abschneiden, beim Markentest jedoch der Markenleader ›Coca-Cola‹ stets bevorzugt wird. Auch im Tourismus, und vor allem in der Hotellerie, haben »Brands« eine enorme Bedeutung: Marken schaffen Vertrauen und geben Orientierung. Sobald Markenleistungen vom Konsumenten »gelernt« wurden, werden diese immer erwartet. Änderungen an der Produktleistung – egal ob Verbesserung oder Reduzierung – verlangen demnach hinsichtlich Hotelbewertungen nach besonderem Fingerspitzengefühl.

### *Kultureller Hintergrund des Gastes*

Gäste aus unterschiedlichen Ländern haben unter Umständen unterschiedliche Erwartungen an Urlaubs- und Hotelaufenthalte gelernt. So erwarten sich viele Gäste aus dem arabischen Raum verhältnismäßig große Zimmer, wohingegen Gäste aus dem Vereinigten Königreich mit der Möglichkeit der Teebereitung im Zimmer zu begeistern sind. Ein Hotelier in einem unserer Seminare erzählte, dass er als kleines Stadthotel am liebsten Schweizer Gäste beherberge, »weil die kleinere Zimmer gewohnt« seien. Schweizer Gäste dürften im Übrigen auch viel weniger preissensibel sein, weil für sie die Preisstruktur in den Nachbarländern grundlegend positiv auffällt – im Vergleich zum Heimatland.

Klar, das mögen alles Verallgemeinerungen sein oder auch Klischees. Auf der anderen Seite aber kann die Einstellung auf spezifische Gästebedürfnisse eine Gelegenheit sein, genau diese Gästegruppe zu überraschen. So kann es Ihnen auch durchaus einmal passieren, beim Frühstück auf Miso-Suppe zu stoßen – wie wir selbst in einem Hotel in Interlaken erlebt haben, das sich auf japanische Gäste spezialisiert hat.

### *Werbung*

Wie ein Hotel seine Leistungen werblich kommuniziert, beeinflusst die Erwartungen neuer Gäste enorm. Das Hotel selbst hat hierbei sehr großen Einfluss auf die Erwartungshaltung seiner Gäste. Wie Studien zeigen, besucht fast jeder neue Gast vor der Buchung die Website des Hotels. Die Gestaltung der Website, die verwendeten Fotos und Texte – all diese Elemente ermöglichen es dem Gast, sich ein Bild von seinem Aufenthalt zu machen. Wenn ein Hotel ankündigt, »höchste Ansprüche« zu erfüllen oder »alle Sinne« zu verwöhnen, kann man davon ausgehen, dass das Hotel den dadurch erzeugten Erwartungen wahrscheinlich nicht gerecht werden kann.

## *Preis*

Ein Gast hat an ein Hotelzimmer für 59 Euro andere Erwartungen als an ein Zimmer für 259 Euro. Dabei spielt nicht nur der Preis selbst eine Rolle, sondern auch die Preissensibilität und psychologische Preisgrenzen des Gastes. Preisgestaltung ist ein hoch komplexes Thema und kann starken Einfluss auf Erwartungen und in Folge Hotelbewertungen nehmen. Klar ist: Je niedriger der Preis, desto eher besteht die Chance, einen Gast positiv zu überraschen. Je höher der Preis, desto höher werden die Ansprüche.

## *Vertriebskanäle*

In der Zusammenarbeit mit Vertriebspartnern ist darauf zu achten, in welchem Umfeld und mit welcher Produktbeschreibung die eigenen Leistungen verkauft werden. Hoteliers sind aus unserer Erfahrung eher nachlässig, was die Kontrolle der Vertriebswege anbelangt. In den Hotelbewertungsportalen kann man Fehler in der Hausbeschreibung bei Vertriebspartnern dann schnell nachlesen. Dies gilt nicht nur bei der Zusammenarbeit mit Reiseveranstaltern, sondern auch für die Darstellung des Hauses auf Online-Buchungsplattformen oder Direktvermarktern: Sind die Preise mit den richtigen Bedingungen (z. B. Stornofristen) verknüpft und entsprechend erklärt? Wird aktuelles Bildmaterial verwendet? Stimmen die Ausstattungskriterien, Essens- und Öffnungszeiten, Entfernungsangaben und Anfahrtsbeschreibungen? Bei Pauschalreisen (egal ob vorgefertigt oder als »Dynamic Packaging«) werden vom Gast alle Leistungen (wie Hotel, Flug, Transfer, etc.) als ein Produkt wahrgenommen. Schildert der Gast seine negativen Erfahrungen auf Bewertungsportalen, tut er dies meist beim Hotel. So darf sich der Hotelier am Schluss ärgern, wenn Gäste über zu späte Flugzeiten, die frühe Anreise oder Wartezeiten beim Airport meckern und dem Hotel dafür unbewusst schlechtere Noten geben.

## *Gästestruktur*

So unterschiedlich Gäste sind, so unterschiedlich sind deren Erwartungen. Das zeigt sich auch direkt auf Bewertungsportalen: Während sich Michael (19 – 25 Jahre) über das »*Tolle Animationsteam – super Hotel zum Party machen*« freut, findet Arno (51 – 55) das Animationsteam »*einfach nur grottenschlecht*« und will in Zukunft das Hotel an der Türkischen Riviera nicht mehr besuchen. Hotelbewertungen reflektieren unterschiedliche Meinungen und Vorlieben. Kein Hotel ist für alle Gästeschichten und -ansprüche geeignet. In Folge helfen Bewertungen, die zum Hotel passenden Gäste anzusprechen. Im Zeitalter von Hotelbewertungen haben es die Spezialisten unter den Hotels oft leichter als die Generalisten. Je klarer das Produkt auf bestimmte Zielgruppen abgestimmt ist, desto höher ist die Chance auf zufriedene Gäste.

## Beispiel: Kinderfreie Hotels auf dem Vormarsch

Immer mehr Unterkunftsbetriebe positionieren sich als Ruhezonen ohne Kindergeschrei oder Spielecke. »In mein Hotel darf niemand unter 17. Ich lasse nicht mal ein Baby hinein«, stellt Astrid Stiefel vom kinderfreien Hotel »Dolce Vita« im bayerischen Bodenmais klar[32]. Auch im Posthotel Achenkirch in Tirol hat man sich entschieden, kreischende Sprösslinge vom Pool fernzuhalten. Schon länger wurde im Tourismus versucht, die unerwünschte Zielgruppe zum Beispiel durch saftige Kinderpreise abzuwehren. Nun gehen immer mehr Hotels in die Offensive. Und das durchaus mit Erfolg. Mittlerweile informieren eigene Portale wie z. B. www.hotels-ohne-kinder.de über kinderfreie Unterkünfte. Da können erholungssuchende Paare oder urlaubsbedürftige Lehrer dann unter sich bleiben. Eine Nische mit Zukunft.

## Erwartungen im Wechselspiel mit Erfahrungen

Die Erwartungen eines Gastes werden auch von seinen Erfahrungen und seiner Haltung gegenüber einem Hotel geprägt.

### *Generelle Reiseerfahrung*

»*Gäste werden immer reiseerfahrener*« heißt es in Diskussionen rund um das Thema Servicequalität schon lange. Man muss am Ball bleiben und innovativ sein, um immer verwöhntere Gäste zufriedenzustellen. Die Reiseerfahrung prägt nicht nur das Qualitätsbewusstsein, sondern spielt bei Hotelbewertungen eine ganz zentrale Rolle: Mit der Reiseerfahrung wächst die Fähigkeit eines Gastes, Hotelleistungen einschätzen und vergleichen zu können. Ein gutes Beispiel, wie Gäste sich eine Meinung bilden, brachte eine Tiroler Teilnehmerin in einem unserer Seminare. Sie berichtet von einem Gast, der in seiner Bewertung vermerkte: »*in einem 4-Sterne-Wellnesshotel hätte ich mir ein Hallenbad erwartet.*« Die Direktorin reagierte geschockt auf diese Äußerung, denn sie habe ja niemals mit einem Hallenbad geworben und meinte, der Gast würde hier eine Unwahrheit behaupten. Dem ist natürlich nicht so. Der Gast schildert nur, was er sich erwartet hatte. Manchmal sind es ganz einfach subjektive Erfahrungen, die falsche Erwartungen produzieren können.

### *Frühere Aufenthalte*

»*Wir waren nun schon das zweite Mal in diesem Hotel und müssen sagen, dass wir diesmal enttäuscht worden sind. Das Zimmer war ein anderes, viel zu klein und der Service lange nicht mehr so herzlich wie beim letzten Mal.*« Eine solche Bewertung bedeutet für das Hotel nicht unbedingt, dass sich der Service messbar verschlechtert hätte oder die Zimmer nicht mehr den Ansprüchen der Gäste genügen würden. Aus Sicht des Gastes war der Aufenthalt einfach »anders« als beim letzten Mal. Er hat eine Erfahrung mit dem Hotel gemacht und dementsprechend Erwartungen aufgebaut. Selbiges gilt übrigens auch für Destinationen oder Hotelmarken, wie dieses Beispiel von Bewertungen eines Marriott-Hotels bei TripAdvisor zeigt:

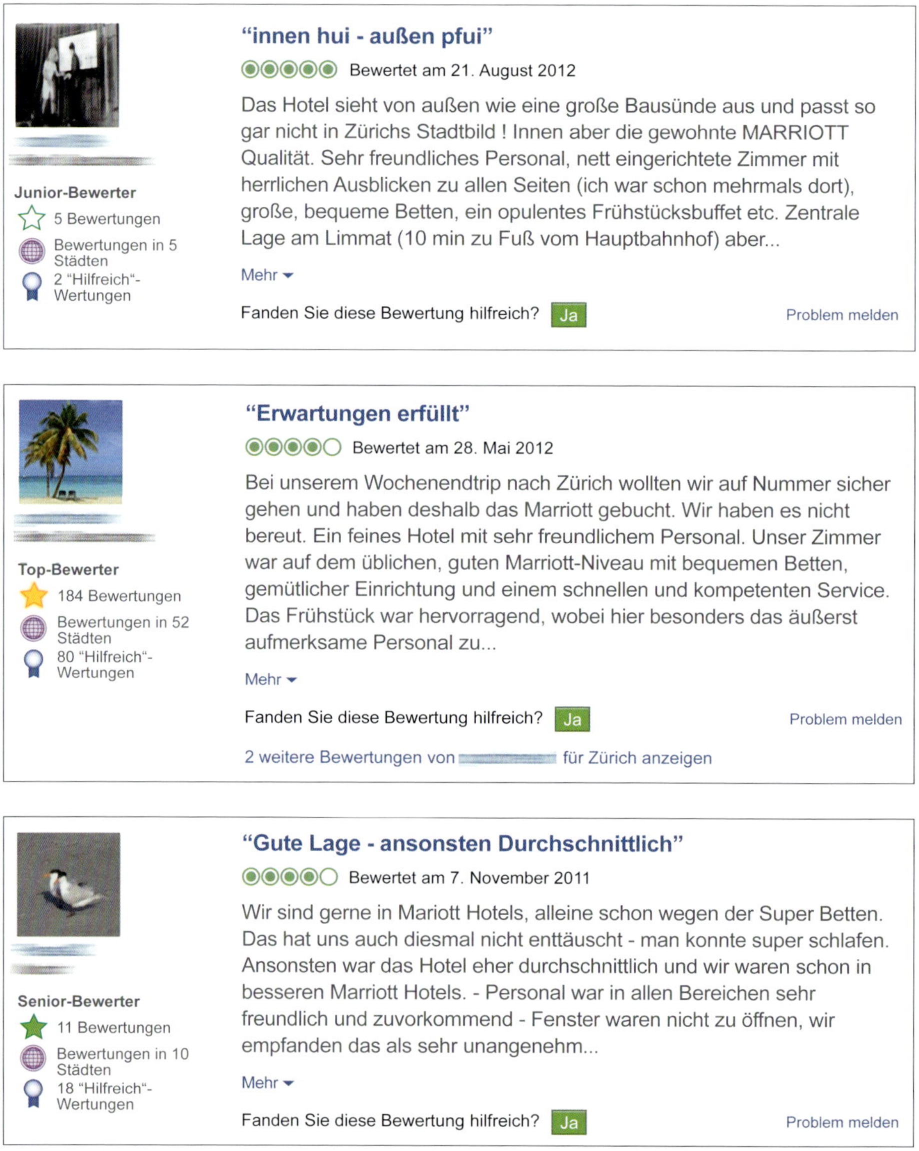

Junior-Bewerter

5 Bewertungen

Bewertungen in 5 Städten

2 "Hilfreich"-Wertungen

**"innen hui - außen pfui"**

Bewertet am 21. August 2012

Das Hotel sieht von außen wie eine große Bausünde aus und passt so gar nicht in Zürichs Stadtbild ! Innen aber die gewohnte MARRIOTT Qualität. Sehr freundliches Personal, nett eingerichtete Zimmer mit herrlichen Ausblicken zu allen Seiten (ich war schon mehrmals dort), große, bequeme Betten, ein opulentes Frühstücksbuffet etc. Zentrale Lage am Limmat (10 min zu Fuß vom Hauptbahnhof) aber...

Mehr

Fanden Sie diese Bewertung hilfreich? Ja

Problem melden

Top-Bewerter

184 Bewertungen

Bewertungen in 52 Städten

80 "Hilfreich"-Wertungen

**"Erwartungen erfüllt"**

Bewertet am 28. Mai 2012

Bei unserem Wochenendtrip nach Zürich wollten wir auf Nummer sicher gehen und haben deshalb das Marriott gebucht. Wir haben es nicht bereut. Ein feines Hotel mit sehr freundlichem Personal. Unser Zimmer war auf dem üblichen, guten Marriott-Niveau mit bequemen Betten, gemütlicher Einrichtung und einem schnellen und kompetenten Service. Das Frühstück war hervorragend, wobei hier besonders das äußerst aufmerksame Personal zu...

Mehr

Fanden Sie diese Bewertung hilfreich? Ja

Problem melden

2 weitere Bewertungen von für Zürich anzeigen

Senior-Bewerter

11 Bewertungen

Bewertungen in 10 Städten

18 "Hilfreich"-Wertungen

**"Gute Lage - ansonsten Durchschnittlich"**

Bewertet am 7. November 2011

Wir sind gerne in Mariott Hotels, alleine schon wegen der Super Betten. Das hat uns auch diesmal nicht enttäuscht - man konnte super schlafen. Ansonsten war das Hotel eher durchschnittlich und wir waren schon in besseren Marriott Hotels. - Personal war in allen Bereichen sehr freundlich und zuvorkommend - Fenster waren nicht zu öffnen, wir empfanden das als sehr unangenehm...

Mehr

Fanden Sie diese Bewertung hilfreich? Ja

Problem melden

*Marriott-Gäste schätzen die bekanntermaßen gute Qualität der Betten und thematisieren dies auch in Online-Bewertungen*

Die Marriott-Betten stoßen auf so großes Interesse, dass Marriott mittlerweile einen eigenen Online-Shop unter www.shopmarriott.com betreibt, in dem neben kompletten Betten auch Badeartikel, Einrichtungsgegenstände bis hin zur eigenen Kaffeemarke erworben werden können.

### *Haltung und Beziehung zum Hotel*

Sie werden uns zustimmen, wenn wir behaupten, dass Stammgäste ganz anders bewerten als Gäste, die zum ersten Mal Ihr Haus besuchen? Das liegt in der über Jahre aufgebauten Beziehung des Stammgastes zu Ihrem Haus. Stammgäste sind beliebt und tragen einen erheblichen Anteil zum Umsatz bei. Sie können manchmal aber auch ganz schön auf die Nerven gehen: Wenn sie schlaue Tipps geben, immer ein und denselben Tisch im Restaurant oder ihr Stammzimmer einfordern. Auf der einen Seite dürfen Sie sich von Stammgästen eher positives Feedback erhoffen. Allerdings reagieren Stammgäste auch empfindlich auf Veränderungen, weil sie es auf ganz bestimmte Art und Weise gewohnt sind, bei Ihnen Urlaub zu machen. So berichten uns Hoteliers oft von Modernisierungsmaßnahmen, die jedoch bei Stammgästen gar nicht gut ankommen.

Wie Untersuchungen zeigen, hat das Spannungsfeld zwischen Erwartungen und tatsächlicher Leistung nicht nur direkte Auswirkungen auf Hotelbewertungen, sondern beeinflusst ebenso die Weiterempfehlungshäufigkeit, Wiederkehrrate und das Vertrauen.

## Wie das Erwartungsprinzip für Ausgleichsbewegungen sorgt

Was passiert, wenn ein Hotel ausschließlich positive Hotelbewertungen erhält? Richtig, die Erwartungen neuer Gäste steigen. Kann das Hotel die hohen Erwartungen nicht dauerhaft erfüllen, kommt irgendwann der Punkt, an dem ein enttäuschter Gast eine negative Hotelbewertung veröffentlicht. So betrachtet haben selbst schlechte Bewertungen ihr Gutes: Die Erwartungen neuer Gäste werden auf ein realistisches Niveau eingespielt. Die Chancen, einen Gast positiv zu überraschen, steigen. Diese »Ausgleichsbewegungen« werden umso stärker spürbar, umso mehr Hotelbewertungen ein Betrieb hat.

### Beispiel

Ein Hotelier hat Folgendes berichtet: Er erhielt eines Tages eine äußerst negative Hotelbewertung, in der das Essen kritisiert wurde. Normalerweise wurde die Gastronomie des Hotels jedoch immer sehr gelobt. Der findige Hotelier hat die negative Bewertung ausgedruckt und für alle Gäste gut sichtbar in den Fahrstuhl gehängt. Die Folge: Das Hotel erhielt über 20 positive Hotelbewertungen von Gästen, die alle auf das in der negativen Bewertung kritisierte Essen referenzierten.

## Auch negative Hotelbewertungen stiften Nutzen

Eine Studie hat ergeben, dass Kunden vier Mal länger auf einer Website bleiben, wenn diese auch negative Bewertungen beinhaltet[33]. Zwei Drittel der befragten Nutzer haben angegeben, dass sie Bewertungen mehr vertrauen, wenn positive und negative Feedbacks vorhanden sind. Satte 95 % vermuten Manipulation oder Zensur, wenn sie nur positive Bewertungen finden. Ausschließlich positive Bewertungen werden von Kunden als unglaubwürdig empfunden.

### Hintergrund

- ★ Gäste wissen, dass es das perfekte Hotel nicht gibt. Potenzielle Gäste möchten sich daher ein realistisches Bild über die Stärken und Schwächen eines Hauses machen.
- ★ Die Kritik des einen Gastes kann für den anderen Gast völlig irrelevant sein – oder sogar als Vorteil interpretiert werden. Wenn sich jemand über das Kindergeschrei aufregt, so kann das für den Familienvater das buchungsentscheidende Argument sein.
- ★ Gäste sehen negative Bewertungen nicht isoliert: Eine negative Hotelbewertung wird in Relation mit der (normalerweise) großen Anzahl positiver Bewertungen gesehen und vom Nutzer entsprechend abgemildert.

Und noch ein Aspekt wird gerne übersehen: Kritische Gästefeedbacks helfen, das Hotelprodukt fortlaufend zu verbessern und so langfristig wettbewerbsfähig zu bleiben.

## Authentisch und transparent die eigenen Leistungen kommunizieren

In der Tourismuswerbung hat sich eine Sprache entwickelt, die Hotelleistungen oft nur codiert beschreibt. Besonders gerne wird mit Superlativen und dehnbaren Begriffen gearbeitet, hier einige Beispiele:

- »Totale Erholung erwartet Sie in unserem luxuriösen Wellnessbereich.«
- »Das moderne und komfortable Hotel verfügt über 250 Gästezimmer.«
- »Zu den Annehmlichkeiten gehören eine großzügige und elegante Lobby mit Rezeption und WiFi-Anschluss.«
- »Die ansprechend, im mediterranen Stil eingerichteten Doppelzimmer verfügen über Bad oder Dusche/WC sowie SAT-TV.«
- »Freuen Sie sich auf das reichhaltige Frühstücksbüfett.«
- »Das familiäre Resort liegt ruhig, aber doch zentral.«

Doch was heißt »*luxuriös*«, »*modern*«, »*ansprechend*« oder »*reichhaltig*« genau? Jeder versteht etwas anderes darunter.

Oder denken Sie an die Hotelbeschreibungen der Veranstalterkataloge: Diese sind heutzutage oft zu lesen wie Arbeitszeugnisse. Der »*seitliche Meerblick*« bedeutet, dass man das Meer vom Zimmerbalkon aus nur mit Verrenkungen sehen kann. Die »*zentrale Lage am beliebten Strandabschnitt*« meint, dass es bis spät nachts turbulent zugehen wird. »*Ruhig gelegen, abseits des Massentourismus*« heißt, dass man weitab jeglicher Infrastruktur in der Einöde wohnen wird.

***Gäste haben sich daran gewöhnt, touristischem Marketing wenig Glauben zu schenken. Werbebotschaften werden unterschiedlich interpretiert. Im Wunsch nach authentischer Information wird den Berichten anderer Urlauber eher vertraut.***

Es gibt mittlerweile eigene Online-Portale, deren Geschäftsmodell die realistische Darstellung von Hotelleistungen ist. Die Plattform www.oyster.com beschreibt ihr Geschäftsmodell wie folgt: »*Our special investigators visit, photograph, review and rate each hotel. We uncover the truth.*« Die amerikanische Website www.raveable.com sieht sich selbst gar als »C.I.A. of Hotels – the Consumers' Intelligence Agency for travelers« und vergibt unter anderem ein Gütesiegel, wenn ein Hotel laut Nutzerfeedbacks frei von Bettwanzen ist.

*Website Hotel*

Durch Hotelbewertungen werden Marketing-Kommunikationspannen öffentlich. Ein Luxus-Hotel in Berlin beschreibt auf seiner Website die Zimmer mit folgenden Worten:

*»Luxus und Eleganz gibt es auch anderswo in Berlin, doch hier verströmt das Interieur eine ganz besondere Note. Man spürt die Liebe zum Detail, die stets präsente, aber unauffällige Bereitschaft, jeden einzelnen Gast in eine Stimmung des Wohlbefindens zu versetzen. 246 elegante Zimmer mit klassisch-modernem Flair erfüllen höchste Ansprüche.«*

In den Hotelbewertungen wird bei einer Weiterempfehlungsrate von 66 % und Kommentaren wie »*Hotel mit Servicemängeln*«, »*Renovierungsstau*«, »*zu alt*« oder »*in die Jahre gekommen*« das Dilemma offensichtlich. Das Versprechen, dass das »*Interieur eine ganz besondere Note verströme*« bekommt damit eine ganz neue Aussagekraft.

Wenn das Hotelmanagement (hoffentlich) weiß, dass infrastrukturelle Probleme bestehen, so sollte nicht damit geworben werden, dass die Zimmer »*höchste Ansprüche*« erfüllen. Diese Floskel ist ohnehin ein Fehlgriff: Denn dieses Versprechen wird nie einzuhalten sein. Was sind denn »*höchste Ansprüche*«? Da gibt es keine weitere Steigerung.

## Die Top-Themen bei Beschwerden

Das Münchner Unternehmen TrustYou hat in einer Untersuchung über 3,5 Millionen Hotelbewertungen analysiert[34]. Das Ergebnis war eine Hitliste jener Top-Themen, die immer wieder negativ bewertet werden:

*Vor Ort*

1. Kleine Zimmer/kleines Bad (19 %)
2. Enttäuschendes Hotel (13 %)
3. Enttäuschende Zimmer (12 %)
4. Dreckige Zimmer (12 %)
5. Teures Hotel (9 %)

Alle Themenbereiche sind direkt unerfüllten Erwartungen zuzuschreiben. Mehr noch: Es ist davon auszugehen, dass diese zum Großteil durch das hoteleigene Marketing ausgelöst werden.

### *Vorsicht bei Hochglanz-Fotos*

Bei Fotos wird versucht, das eigene Hotel in bestem Licht erscheinen zu lassen: Da räkeln sich attraktive Damen auf Sonnenliegen und selbst das kleinste Badezimmer erscheint dank Weitwinkel-Objektiv geräumig und einladend. Dumm nur, wenn dieses überzeichnete positive Bild keinen Bezug zur Realität mehr hat.

Hand aufs Herz: Wie oft kommt es vor, dass – wie im Bild oben links – Model-Paare einsam im Hotelpool verliebt in den Sonnenuntergang blicken? Wahrscheinlicher ist in vielen Fällen die Situation auf dem Bild oben rechts. Kindergeschrei und Halligalli in und um den Poolbereich, insbesondere in der Ferienzeit.

***Was würde passieren, wenn sich das Hotelmarketing für das Foto mit den planschenden Kindern entscheidet? Das Hotel würde als Folge völlig andere Gäste ansprechen und auch bekommen.***

Natürlich ist Hotelwerbung immer auch Übertreibung und Positivierung. Das sind Konsumenten gewohnt und kalkulieren dies in ihre Urlaubsentscheidung mit ein. Kritisch wird es, wenn dem Marketing Authentizität fehlt. Wenn Erwartungen und die tatsächliche Situation vor Ort nicht zusammenpassen. Potenzielle Gäste werden sich ein realistisches Bild über die Hotelqualität machen wollen – und im Internet recherchieren.

## Erwartungen auslösen, einmal anders

Dass mit Erwartungen im Marketing auch gespielt werden kann, beweist das ›Hans Brinker Budget Hotel‹ in Amsterdam: Es wirbt offensiv damit, das schlechteste Hotel der Welt zu sein. Für die kreative Werbung wurde es mit Auszeichnungen überhäuft.

*Das ›Hans Brinker Budget Hotel‹ in Amsterdam entschuldigt sich dafür, das »beste Hotel im Ignorieren von Gästebeschwerden« zu sein.*

Wer übrigens bei Youtube nach dem ›Hans Brinker‹ sucht, erhält eine Auswahl ähnlich amüsanter Videoclips. Das rund ums Jahr ausgebuchte Hotel bietet laut Eigenangabe »Komfort wie im Knast«. Bert Hakkert, Assistant-Manager: »Eigentlich machen wir die Antiwerbung nur, um uns vor Beschwerden zu schützen. Wenn hier jemand meckert, sagen wir: ‚Hej, wir haben dir ja nichts versprochen.'« Bei den jungen Gästen kommt das Konzept gut an: »Es ist sehr billig und man kann sich eigentlich über nichts beschweren«, meint ein Student aus Dänemark. Offensichtlich ist er positiv überrascht.[35] Zugegeben, das ist ein Extrembeispiel und die Marketingaussagen sind nicht jedem zur Nachahmung empfohlen.

## Positive Bewertungen erhalten

Eigentlich ist es ganz einfach: Um positive Bewertungen zu erhalten, muss die Angebotsqualität im Betrieb stimmen. Viele Hotelmanager und -eigentümer sind immer noch der Meinung, man müsse etwas gegen negative Hotelbewertungen unternehmen. Das ist eine sehr kurzsichtige Betrachtungsweise. Sobald bestimmte Aspekte des Hotelbetriebes immer wieder kritisiert werden, müssen diese Probleme strategisch bearbeitet und behoben werden.

Stellen Sie Leistungen authentisch dar. Übertreibungen im Marketing enden unweigerlich in enttäuschten Gästeerwartungen – oder sogar in einem Werbebanner bei TripAdvisor, wie dieses Beispiel zeigt:

### *Die Erwartungen des Gastes übertreffen*

Ein Hotel hat gute Chancen auf positive Hotelbewertungen, wenn es die Erwartungen des Gastes übertreffen kann. Dies wird allerdings immer schwieriger – denn die Erwartungen steigen stetig. Hier ist die Hotelindustrie jedoch nicht allein. Denken Sie nur an die Automobilbranche und die Erwartungen an ein modernes Auto: Von der Klimaanlage bis zur Zentralverriegelung wird mittlerweile vieles vorausgesetzt.

---

### Zitat

*»Ein Hotelaufenthalt bedeutet heutzutage in vielen Fällen einen sozialen Abstieg.«*
(Zitat eines Quality Managers einer großen Hotelkette)

---

Tatsächlich: Die meisten Gäste haben zu Hause das größere TV-Gerät, die hochwertigere Schlafzimmerausstattung, das leistungsfähigere W-LAN und das großzügigere Wellness-Badezimmer. Als Hoteleigentümer steht man folglich unter dem Druck, permanent investieren zu müssen – in Form von infrastruktureller Aufrüstung und gutem

Service. So renoviert beispielsweise die Budget-Designkette ›Motel One‹ seine Häuser im Rhythmus von fünf Jahren: »*Dabei fliegt alles raus und das Hotel wird neu eingerichtet*«, wie Gründer Dieter Müller verkündet[36].

Um einem Hotel auch ohne Generalsanierung ein paar Angriffspunkte für »Gästebegeisterung« zu geben, nachfolgend zwei Tipps.

## +++ TIPPS

Versuchen Sie, Gäste positiv zu überraschen. Dies muss nicht gleich ein neuer bombastischer Spa-Bereich oder Flatscreens in allen Zimmern sein. Oft machen ungewohnte Kleinigkeiten den Unterschied – zum Beispiel die selbst gemachte Marmelade zum Frühstück oder die besonders hochwertigen Toilettenartikel.

Gäste berichten gerne über spezielle Erlebnisse und Erfahrungen. Wenn Sie selbst in den Urlaub reisen – Was erzählen Sie Ihren Freunden und Bekannten nach Ihrer Rückkehr? Meist berichtet man nicht über Zimmerausstattungen oder die Anzahl der Saunen im Wellnessbereich; schon eher wird der besonders freundliche Restaurantservice oder das unerwartete »Betthupferl« thematisiert.

+++

# Beispiele für Überraschungen



Den Gast positiv zu überraschen ist schwierig. Bei den meisten Gästen sogar sehr schwierig. Oft werden wir von Hoteliers gefragt, ob man denn permanent Gäste mit Neuem begeistern müsse. Schließlich würde dies von Jahr zu Jahr schwieriger: Gäste gewöhnen sich rasch an Neuerungen und erwarten sich beim nächsten Aufenthalt wieder frische Innovationen. Die simple Antwort lautet: Ja, als Gastgeber bin ich gezwungen, stets kreativ zu sein und Neues zu bieten.

Warum auch sollte die Hotelindustrie eine Branche sein, die vor dem ständig wachsenden Innovationsdruck gefeit ist? Schließlich erwarten wir als Konsumenten alle ständig neuere und bessere Produkte. Dass dies manche Hoteliers noch nicht wirklich verstanden haben, beweist ein Blick in die Eigenwerbung ebenjener Unterkünfte: Da wird noch mit »Direktwahltelefon«, »Sat-TV« oder »Hallenbad« geworben – ganz zu schweigen von den »Fremdenzimmern« oder gar »-heimen«, die in manchen Gegenden noch immer auf »Fremde« warten.

Dass Innovation und Kreativität im Tourismus durchaus zu finden sind, beweisen die folgenden Beispiele aus unserer ausgiebigen Reisetätigkeit.

## *Kleine Überraschungen*

Im ›Amano‹-Hotel in Berlin finden Gäste eine Packung ›Ahoi-Brause‹ auf dem Kopfkissen vor – eine unerwartete und kreative Erinnerung an Kindheitstage. Und hat ein Gast mal sein Badeentchen zu Hause vergessen, so bietet ein umfassend bestückter Self-Service-Automat sämtliche Dinge des alltäglichen und nichtalltäglichen Bedarfs – alles im ›Amano‹-Design, versteht sich. Mit einer iPhone-App bietet die Hotelgruppe darüber hinaus einen mobilen Reiseführer, der mit einer persönlichen Auswahl der besten und interessantesten Restaurants, Shops und Galerien aufwartet[37].

Ein unerwartetes Dessert im Luxus-Restaurant ›Qsine‹: Nach dem Essen schaut Kellnerin Tanesha mit einer »Blumenwiese« voll süßer Überraschungen vorbei. Unter anderem sind »Erdbeer-Blumen« und »Crème-Brûlée-Eier« mit dabei.

*Ja is' denn heut' scho' Ostern? Die Crème Brûlée wird in echten Hühnereierschalen serviert. Diese müssen von den Gästen erst gefunden werden.*

*Das Schlafschaf wacht über die Gäste im ›25hours Hotel Hafencity Hamburg‹*

Im ›25hours Hafencity Hotel‹ in Hamburg wird der Übernachtungsgast von einem »Schlafschaf« ins Bett begleitet. Neben dem kuscheligen Bettbegleiter sorgt eine Wärmflasche für Gemütlichkeit. Diese Überraschungen, aber auch die vielen weiteren originellen Kleinigkeiten (»Logbuch« als Gästebuch auf jedem Zimmer, kostenlose Fahrräder und Mini Cooper für Stadttouren, hochwertige Badkosmetik, originelle Einrichtung…), werden in vielen Online-Bewertungen des Hotels positiv erwähnt und auch fotografisch dokumentiert. Das »Schlafschaf« ist übrigens auch der Renner im hoteleigenen Shop.

Das 4-Sterne-Hotel ›Grischa‹ im schweizerischen Davos hat sich dafür entschieden, ein paar Franken mehr zu investieren und seine Übernachtungsgäste mit exklusiven Kosmetikprodukten von ›Feuerstein Essentials‹ zu verwöhnen, die in der Schweiz mit Bergkräutern und Extrakten aus biologischem Anbau hergestellt werden. Viele Gäste finden Gefallen an den natürlichen Pflegeprodukten und können diese direkt im Hotel kaufen.

### Auch ein »Weniger« kann positiv überraschen

Es müssen aber nicht immer Zusatzleistungen sein, die für Überraschungen sorgen. Manchmal hilft es auch, sich auf die wirklich wichtigen Dinge zu konzentrieren. Im ›Hoxton Hotel‹ in London erhalten Gäste ein »leichtes« Frühstück. Morgens wird eine Papiertüte mit Orangensaft, Müsli und einer Banane an die Tür gehängt. In der Minibar findet der Gast darüber hinaus frische Milch und Wasser. In einem Business-Cityhotel eine durchaus spannende Idee – schließlich geht es hier weniger um ausgedehnten Frühstücksgenuss, sondern um schnelle und hochwertige Nahrungsaufnahme. Die Frühstückstüten werden übrigens von der Delikatess-Sandwichkette ›Pret A Manger‹ täglich fertig geliefert. Wem dieses »Kickstart«-Frühstück nicht reicht, kann à la Carte im hoteleigenen Restaurant brunchen.

*Frühstücks-Tüte im ›Hoxton Hotel London‹*

***Das ›Hoxton Hotel‹ zeigt, dass auch mit einem »Weniger« ein »Mehr« an zufriedenen Gästen möglich ist – was auch der »Travelers' Choice 2012 Award« von TripAdvisor für das Hotel eindrucksvoll beweist.***

Wer in den Vereinigten Staaten unterwegs ist, erwartet normalerweise in einem Hotel überhaupt kein Frühstück – und wenn, dann eines mit wässrigem Kaffee, weichen Bagels und klebrigen Donuts. Nicht im ›Townhouse Hotel Miami Beach‹: Wer hier übernachtet, startet mit Espresso aus der Handhebelmaschine und ofenwarmem französischen Baguette in den Tag. Die »handmade« Marmelade und der frisch gepresste Orangensaft werden am besten mit einer Ausgabe der ›New York Times‹ genossen. Alles »complimentary« (also kostenlos), wie es in den USA so schön heißt. Wie auch das ›Hoxton Hotel‹ beweist das ›Townhouse‹, dass es nicht immer eine exzessiv große Auswahl braucht, um einen Gast positiv zu überraschen. Die herausragende Qualität einiger weniger (aber umso wichtigerer) Aspekte ist manchmal die bessere Strategie.

## Zitat

*»You won't find the £4 Mars Bar in the mini bar or turndown service but you will get free Wi-Fi throughout the hotel and a decent Hairdryer. In the same mindset, we even give 1 hour of free calls each day to all countries! Calls to mobiles are at standard call rates – not hotel rates…«*

(Quelle: www.hoxtonhotels.com)

Übrigens: Laut einer Studie des Fraunhofer-Instituts ist »Verpflegung« das wichtigste Auswahlkriterium für Hotels bei Privatreisenden. Nur Geschäftsreisende werteten die »Nähe zum Reiseziel« als noch bedeutender[16].

*So wird in einem ›Bubba Gump‹-Restaurant der Bedarf an einer Servicekraft signalisiert*

## Dinge anders machen

»Haben Sie schon gewählt?«, »Darf ich Ihnen die Dessertkarte bringen?«, »Sie wollen zahlen?« – haben Sie schon einmal mitgezählt, wie oft ein Restaurantbesucher vom Servicepersonal während eines Essens »gestört« wird? Bei den ›Bubba Gump‹-Erlebnisrestaurants in den USA lässt man die Gäste selbst bestimmen, wann sie Bedienung wünschen und wann nicht. Die Restaurantkette thematisiert den Kinostreifen »Forrest Gump« und ermöglicht es – ganz wie im Film – den Kellner mit »Run Forrest, Run« oder »Stop Forrest, Stop« an den Tisch zu beordern. Dass dieser dann mit den Gästen ein kleines Quiz über Anekdoten des Films veranstaltet, ist wie so vieles im Restaurant wiederum sehr amerikanisch.

Das ›Auracher Löchl‹ im Tiroler Städtchen Kufstein hat eine jahrhundertelange Tradition. Nicht gerade Jahrhunderte, aber zumindest ein paar Jahrzehnte sind auch den Zimmern des 3-Sterne-Hotels hier und da anzumerken. Trotzdem haben es die Eigentümer nicht nur geschafft, das ›Löchl‹ zum beliebtesten Hotel Kufsteins auf HolidayCheck und TripAdvisor zu machen, sondern auch ihre Gäste mit perfektem Service und unerwartetem Witz zu begeistern. So findet der Gast an der Badezimmerarmatur ein Schild vor, welches über die hervorragende Wasserqualität (inklusive pH-Wert, Calciumgehalt etc.) Auskunft gibt und viel Spaß beim Rasieren, Waschen und Trinken wünscht. Das Frühstück begeistert durch regionale Kreativität. Bei der Abreise erhalten Gäste als »Abschiedsgeschenk« eine Flasche Mineralwasser – ein Giveaway, das bei den meisten Gästen sofort Verwendung findet.

Das ›Morgans Hotel‹ in Manhattan bietet seinen Gästen ein Wohnzimmer anstelle einer steifen Hotel-Lobby. Im Penthouse des Hotels finden Gäste den »Living Room«, wo sie sich wie zu Hause fühlen können. Ausgestattet ist das Wohnzimmer mit W-LAN, Computern, Sofas und hat Zugang zu zwei Dachterrassen. Rund um die Uhr wird Kaffee und Tee gratis angeboten.

***Werden Sie kreativ! Überraschen Sie Ihre Gäste stets aufs Neue – mit originellen Ideen und herausragendem Service.***

## *Gästeerfahrungen als Marketingstrategie*

Seit jeher gelten Weiterempfehlungen im Tourismus als wichtiges Marketinginstrument. Mit Hotelbewertungen kann das Erwartungsprinzip sogar als alternative Marketingstrategie erfolgreich eingesetzt werden.

Einen Beweis dafür haben wir in New York City gefunden.[38] Die ›HKHotels‹ sind eine kleine, privatgeführte Hotelgruppe mit vier Boutiquehotels in Manhattan. Alle vier Häuser erreichen seit 2006 ein Top-Ranking bei TripAdvisor unter den 10 besten Hotels von New York City. Aktuell führen zwei der Häuser das Ranking an und zwei belegen die Plätze 5 und 6.

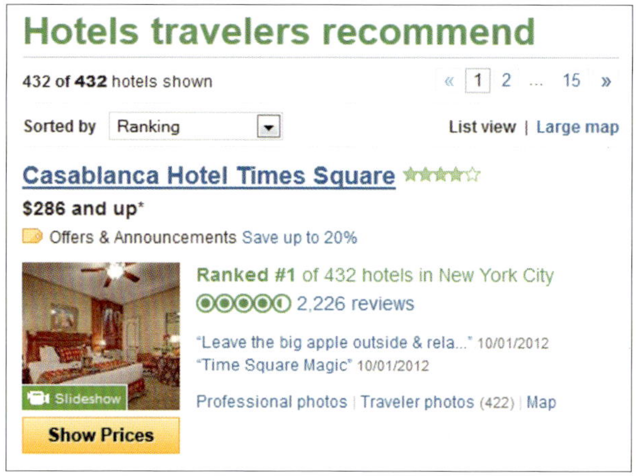


*Das »Casablanca« von ›HKHotels‹ ist auf Platz 1 in New York City bei TripAdvisor (Stand: 01.10.2012)*

Adele Gutman, Leiterin Marketing & Sales der vier Hotels, erklärt den Erfolgsweg ganz einfach: »Im Grunde geht es um nichts anderes als um die gute, alte Gastlichkeit.« Nur haben die ›HKHotels‹ schon früh erkannt, dass Hotelbewertungen eine echte Chance darstellen. Als sie vor einigen Jahren bemerkten, dass eines der vier Häuser das Top-10-Ranking von TripAdvisor erreichte und ein anderes nur Rang 56, setzten sie sich das Ziel, mit allen vier Hotels unter die Top 10 zu kommen.

Schnell wurde klar, dass es nicht ausreichte, die Erwartungen der Gäste zu erfüllen. Gäste müssen begeistert sein und werden dadurch zu Bewertungen motiviert.

Die ›HKHotels‹ stellten die »nettesten und fröhlichsten« Mitarbeiter ein, die sie finden konnten und schulten diese. In allen vier Hotels wurde damit begonnen, Bewertungen in den Morgenmeetings zu besprechen. Mitarbeiter beantworten alle Gästefeedbacks. Das gesamte Team, vom Housekeeping über den Portier bis hin zum General Manager, sind stolz auf das positive Feedback. Der Umgang mit Bewertungen entwickelte sich zu einem Selbstläufer.

Den Unterschied zu anderen Anbietern in New York erklärt Adele Gutman vor allem darin, dass ihre Gäste besonders die außerordentliche Freundlichkeit des Personals positiv erwähnen. Ausschlaggebend für den Erfolg der neuen Strategie war aber das Commitment der Eigentümer, Gelder in die Gästebegeisterung zu investieren – anstelle in einen großen Verwaltungsapparat oder klassische Werbung. Der Gast wird zum Botschafter für die Hotels.

Einige der Services, welche die ›HKHotels‹ als Vorreiter in New York einführten:

★ »Clubroom«-Konzept mit gratis Kaffee und Erfrischungsgetränken
★ Frühstücksbüfett nach europäischem Vorbild
★ Abendliche Wein- und Käseverkostung
★ Kostenloses WLAN, Mineralwasser und anderes mehr

Gleichzeitig wurde auch die Kommunikation verändert. Die ›HKHotels‹ sind kleine Hotels und haben eine schlanke Personalstruktur. Es gab keine Möglichkeiten, eigene »Social-Media-Manager« einzustellen. Das ganze Team arbeitet kontinuierlich am Prozess mit und jeder hat bestimmte Aufgaben in der Gästekommunikation und Beantwortung von Gästefeedbacks. Die Motivation der Gäste zur Abgabe von Feedback beschreibt Adele Gutman in drei simplen Schritten:

1. ***Das Geheimnis ist, Gästen das Gefühl zu geben, etwas ganz besonderes gefunden zu haben, über das sie gerne berichten.***

2. ***Es helfen weder Tricks, noch gibt es schnelle Lösungen. Es geht um harte Arbeit und echte, ernst gemeinte Gastfreundschaft. Man muss jeden Tag versuchen, im Rahmen seiner Möglichkeiten das beste Hotel zu sein.***

3. ***Nach dem Check-Out erhalten alle Gäste eine Dankes-E-Mail mit der Einladung, das Hotel auf TripAdvisor zu bewerten.***

## Interview-Ausschnitt

*Adele Gutman, HKHotels, New York*

»(…) Anstelle von hohen Verwaltungs- und Marketingausgaben investieren wir in die ›Guest Experience‹. Wenn wir unsere Gäste begeistern, unterstützen genau diese Gäste unsere Marketingbemühungen. (…) Das Geheimnis ist, dass die Gäste das Gefühl bekommen, etwas so Außergewöhnliches gefunden zu haben, das es wert ist, mit anderen geteilt zu werden.«

»Die Erwartungen unserer Gäste zu erfüllen war zu wenig. Um unsere Gäste zum Verfassen einer Bewertung zu inspirieren, müssen sie begeistert sein. (…) In jedem unserer Hotels werden morgens die neuesten Hotelbewertungen für das Personal ausgehängt und in Sitzungen diskutiert. Jeder Angestellte, vom Hausmeister bis zum Hoteldirektor, ist stolz auf positive Bewertungen. Damit wird eine sich selbst antreibende Kultur überdurchschnittlichen Engagements geschaffen.«

RECHTLICHE

# Rahmenbedingungen

## 5.1 Unwahrheiten, Fotos & Co.

Dass Personen Hotelaufenthalte subjektiv beurteilen und diese Bewertung auch veröffentlichen dürfen, begründet sich auf dem Menschenrecht zur freien Meinungsäußerung. Allerdings: Wenn jemand eine eigene Meinung äußert, muss die Person zu dieser Meinung stehen und mit den daraus resultierenden Konsequenzen leben. Eine Hotelbewertung hat somit auch rechtliche Relevanz. Unwahrheiten oder Beleidigungen dürfen nicht ungestraft verbreitet werden.

### *Was ist im juristischen Sinne eine Unwahrheit?*

Ausgangspunkt für die juristische Beurteilung einer Online-Äußerung ist stets die Ermittlung des Bedeutungsgehalts, d. h. der Sinngehalt im jeweiligen Zusammenhang. Es kommt dabei auf den Gesamteindruck an, den ein Durchschnittsleser gewinnt. Hier ist zwischen Tatsachenbehauptungen und bloßen Meinungen (sogenannter »Werturteile«) zu unterscheiden. Wenn ein Bewerter schreibt:

»Das Essen war meistens kalt und oft versalzen«, so wird es für den Hotelier sehr schwierig werden, diese Äußerung rechtlich zu überprüfen. Eine Überprüfung hieße in diesem Fall, dass die Behauptung Vorgänge in der Gegenwart oder Vergangenheit beschreibt, die dem »Beweis zugänglich sind«, wie dies im Juristendeutsch formuliert wird.

Das bedeutet, dass die Tatsachenbehauptung objektiv auf ihre Übereinstimmung mit der Wirklichkeit überprüft werden kann. Nach der Unklarheitenregel muss der Bewerter die für ihn ungünstigere Auslegung gegen sich gelten lassen. Die Beweislast trifft grundsätzlich den Betroffenen der Äußerung, außer bei Ehrenbeleidigungen.

Also vereinfacht gesagt: Im oben genannten Falle müsste der betroffene Hotelier nachweisen, dass sein serviertes Essen nicht meistens kalt und nicht oft versalzen war. Beide Eigenschaften sind zwar als sehr subjektiv zu beurteilen, haben aber doch einen objektiv überprüfbaren Kern. Ab wann ist ein Essen als »kalt« wahrnehmbar? Ab wann ist es versalzen? Dies beinhaltet auch Wertungen, bei denen die Unwahrheit meist nicht beweisbar ist.

*Hoteltesterin Nina Heinemann im Einsatz: Tatsachenkontrolle*

## Beispiele

»Das Hotel war nicht schön.« (Meinungsäußerung)
»Das Hotel liegt direkt an der Schnellstraße nach München.« (Tatsachenbehauptung)
»Im Restaurant war das Personal unfreundlich und langsam.« (Meinungsäußerung/unter Umständen Tatsachenbehauptung)
»Im Restaurant wurden wir mit den Worten ›Sie schon wieder‹ begrüßt.« (Tatsachenbehauptung)

Sofern es sich um Tatsachenbehauptungen handelt, kann in der Regel auch überprüft werden, ob die Behauptung wahr oder unwahr ist. Gegen unwahre (falsche) Tatsachenbehauptungen kann juristisch vorgegangen werden.

Aber auch bei wahren Tatsachenbehauptungen sind dem Bewerter Grenzen gesetzt, beispielsweise, wenn das Persönlichkeitsrecht anderer Personen verletzt wird oder es am sachlichen Zusammenhang mangelt.

### Beispiel

«Herr Müller von der Rezeption machte einen ungepflegten Eindruck.«

Selbst wenn es sich um eine wahre Tatsachenbehauptung handelt, wäre eine Veröffentlichung nicht zulässig, da in die Intimsphäre von Herrn Müller eingegriffen wird. Die Meinungsäußerungsfreiheit deckt hier nur einen geringen Teil der Werturteile bzw. wahren Tatsachenbehauptungen ab. Insbesondere gegen sogenannte »Schmähkritik« (Beschimpfung oder Verspottung) und Beleidigungen kann somit – auch juristisch – vorgegangen werden. Schmähkritik ist insbesondere davon gekennzeichnet, dass keine sachliche Beschreibung mehr erfolgt, sondern eine Diffamierung des betroffenen Hotels oder von Personen im Vordergrund steht. Also: Die Grenze ist insbesondere auch dann erreicht, wenn ein Betrieb an den Pranger gestellt werden soll, um ihm zu schaden.

### *Wie geht man bei unwahren Behauptungen vor?*

Juristisch könnte gegen den Bewerter selbst vorgegangen und auf Unterlassung oder Widerruf geklagt werden. Wir empfehlen allerdings nicht, diesen Weg zu beschreiten. Die Erfahrung zeigt, dass eine juristische Auseinandersetzung meist nicht den gewünschten Erfolg, nämlich eine rasche Entfernung der unter Umständen rufschädigenden Behauptungen, bringt. In vielen Fällen ziehen sich die Auseinandersetzungen über Jahre hin und kosten allen Beteiligten viel Zeit und Nerven – und auf jeden Fall hohe Gerichts- und Anwaltskosten.

Hotelbewertungsportale sind nicht generell verpflichtet, Bewertungen oder Forenbeiträge vor Veröffentlichung zu kontrollieren. Auch haftet der Portalbetreiber in der Regel nicht für die von Dritten (den Bewertern) eingestellten Inhalte. Selbst anonyme Hotelbewertungen sind rechtlich zulässig, laufen aber Gefahr bei aufgedeckten Verstößen rasch gelöscht zu werden. Die konkreten Anforderungen an Prüfungspflichten wurden bis dato noch nicht vollständig ausjudiziert.

Allerdings hat der Portalbetreiber konkreten Hinweisen auf Rechtsverletzungen nachzugehen und auf entsprechende Verstöße zu reagieren. Es gilt folgender Standard: Wenn die Rechtsverletzung auch für einen juristischen Laien offenkundig ist, muss der Portalbetreiber handeln, möchte er eine eigene Haftung vermeiden. Auch für Laien »offenkundig rechtsverletzend« sind nach Ansicht der Gerichte kinderpornografische Inhalte, neonazistische Hetze oder sonst klar strafgesetzwidrige Äußerungen (z. B. derbe Beschimpfungen).

## +++ TIPP

Wenn Sie eine unwahre Behauptung feststellen, kontaktieren Sie schnellstmöglich das entsprechende Internetportal. In den meisten Fällen wird der Bewerter von Seiten des Portals mit Ihrer gegenteiligen Meinung konfrontiert. Innerhalb einer bestimmten Frist kann der Bewerter dann seine Hotelbewertung zurückziehen, ändern oder auch bestehen lassen. Auf jeden Fall sollten Sie einen höflichen Hotelierkommentar schreiben. Tipps dazu finden Sie in den nächsten Kapiteln ab Seite 85.

+++

Übrigens: Hotels können gemäß der momentanen Rechtslage nicht generell verhindern, in Hotel-Bewertungsportalen bewertet werden zu können.

### *Wie verhält es sich mit Nutzer-Fotos aus dem Betrieb?*

Leider hat die Verbreitung der Digitalfotografie – inbesondere mithilfe von Smartphones – einen Trend zur exzessiven Foto-Dokumentation ausgelöst, deren Resultate auch im Internet veröffentlicht werden. Manche Hoteliers versuchen sich dagegen zu wehren, indem sie sich auf ihr »Hausrecht« berufen und Fotografieren in ihren Gebäuden generell verbieten. Juristisch ist das jedoch fragwürdig und praktisch kaum durchzusetzen. Denn sofern ein Kunde für seine Dienstleistung bezahlt hat, erwirbt er damit auch das Recht, die in Anspruch genommene Leistung zu dokumentieren und diese Dokumentation auch zu veröffentlichen (z. B. um später eventuell anfallende »Reisemängel« geltend zu machen). Neben dem Gewährleistungsrecht kommt auch das Prinzip der »journalistischen Freiheit« zum Tragen.

Die Grenzen sind wiederum dort erreicht, wo Persönlichkeitsrechte – beispielsweise des Personals oder auch anderer Gäste – verletzt werden. Auch für diese gilt das »Recht am eigenen Bild«, d. h. aus datenschutz- und persönlichkeitsrechtlichen Gründen darf niemand gegen seinen Willen fotografiert und das Foto dann veröffentlicht werden.

## Gut zu wissen

Auch seitens des Hotels dürfen Gäste nicht ohne vorhergehende Erlaubnis fotografiert werden. Gerade in der Urlaubshotellerie wird das Urlaubstreiben gerne fotografisch oder per Videoclip festgehalten und über soziale Netzwerke (Facebook, Flickr, YouTube,...) verbreitet. Wir empfehlen bei solchen Aktivitäten, im Vorhinein eine schriftliche Einwilligung der Fotografierten einzuholen. Bei Kindern muss diese von den Erziehungsberechtigten erteilt werden. Ohne Erlaubnis müssen die Personen »verpixelt« werden, d. h. so unkenntlich sein, dass nicht einmal deren Nachbarn sie erkennen würden.

Die meisten Hotelbewertungsportale kontrollieren übrigens die von Nutzern hochgeladenen Fotos, bevor diese online gehen.

### *Mängelfotos – Die ungeliebte Dokumentation der kleinen Schwächen*

Das ramponierte Frühstücksbüfett, der zerschlissene Teppich, die schimmlige Badezimmerfuge: Das sind Momentaufnahmen, die zwar fast in jedem Unterkunftsbetrieb zeitweilig machbar wären, aber die man als Hotelmanager verständlicherweise nicht veröffentlicht sehen möchte.

Leider haben TV-Formate wie »Achtung Kontrolle!«, »Urlaub Undercover« oder der »RTL Urlaubsretter« einen gewissen Trend zum Amateur-Hoteltest ausgelöst. Viele Gäste dokumentieren mittlerweile sehr gewissenhaft jeden noch so verborgenen Winkel ihrer Urlaubsbleibe und veröffentlichen die Ergebnisse online. Verhindern lassen sich weder die Produktion, noch die Veröffentlichung solcher Fotos.

## +++ TIPP

In den meisten Hotelbewertungsportalen können Sie als Hotelbetrieb Ihre eigenen, »schönen« Fotos hochladen. Nutzen Sie diese Chance und erweitern Sie regelmäßig Ihr Fotomaterial durch aktuelle Aufnahmen. In vielen Portalen werden aktuellere Fotos nach vorne gereiht. Ungern gesehene Mängelfotos können somit hinsichtlich deren Prominenz etwas entschärft werden.

+++

*Wir danken Rechtsanwalt Dr. Clemens Thiele (www.eurolawyer.at) für die juristische Beratung.*

# Authentizität und Manipulationen



Es ist jedes Jahr dasselbe: Kaum naht die Hochsaison, schon wird medial lautstark die Frage »Kann man Hotelbewertungen vertrauen?« gestellt. Die Frage ist eigentlich rasch beantwortet, denn trotz mancher Medien-Horrorberichte halten 95 % der Online-Gäste Hotelbewertungen für glaubwürdig[25].

Das beweist selbstverständlich nicht, dass auf Hotelbewertungsportalen keine Manipulationen vorhanden wären – sogenannte »Fake-Bewertungen« gibt es tatsächlich. Nur muss man das Problem wohl etwas relativieren. Das größte Interesse daran, Manipulationen zu verhindern, haben übrigens die Bewertungsportale selbst. Denn sie haben den meisten Schaden, wenn Gäste ihren Informationen nicht vertrauen.

## *Wie zuverlässig sind Bewertungen wirklich?*

Prof. Roland Schegg und Dr. Michael Fux von der Hochschule Wallis wollten in einer Untersuchung genau diese Frage klären[39]. Sie verglichen für Hotels in Saas-Fee die Daten einer klassischen Befragung zur Gästezufriedenheit mit Online-Hotelbewertungen bei TripAdvisor und HolidayCheck. Ihr Fazit: »*Die Resultate der verschiedenen Hotelbewertungen konvergieren in etwa; statistisch signifikante Unterschiede können nur in wenigen Fällen beobachtet werden. Die unterschiedlichen Bewertungssysteme scheinen auf Einzelbetriebsebene zu vergleichbaren Resultaten zu führen.*« Im Klartext: Wenn man Gäste um ihre Meinung bittet, erhält man im Internet die selben Resultate wie mit anderen Methoden auch.

> ***Der Softwareanbieter TrustYou hat festgestellt, dass man bereits ab 10 Bewertungen eine gute Einschätzung der Qualität eines Hotels erhält. Bei 100 Bewertungen schwankt der Notenschnitt gegenüber 10 Bewertungen nur um rund 2 %. Oder in anderen Worten ausgedrückt: Man benötigt 10 Personen, um ein Hotel gut beurteilen zu können.***

Durchschnittsbeurteilungen für Hotels schwanken in verschiedenen Portalen nur zwischen 1 – 3 %[40] – ein weiterer Hinweis darauf, dass im Großen und Ganzen Hotelbewertungen die touristische Realität widerspiegeln.

## *Die Dimension des Problems wird wohl überschätzt*

Benjamin Jost, Geschäftsführer von TrustYou: »*Es liegen uns keine Zahlen von unechten Bewertungen vor, aber bei mehr als 100 Millionen*

*Bewertungen im Internet und täglich ca. 10.000 neuen Bewertungen nur für den Hotelbereich, schätze ich, dass die Zahl weit unter 1 % liegt. Betrüger haben bestenfalls nur kurzfristig Erfolg. Denn auch die ›Community‹ reagiert sehr schnell: Es gibt immer eine Gegenbewegung, die dann mittel- und langfristig nur Schaden für den Betrüger mit sich bringt.«*[41]

Versucht ein Hotel zu manipulieren, so geschieht dies meist aus dem Wunsch heraus, das eigene Hotel besser darstellen zu wollen, als es tatsächlich ist. Manchmal kann aber auch »Futterneid« dazu führen, dass Hotelmanager Konkurrenzbetriebe in ein schlechtes Licht rücken wollen. Beide Strategien sind langfristig zum Scheitern verurteilt. Manipulation ist ein strafrechtlich relevanter Tatbestand, denn sie stellt unlauteren Wettbewerb dar.

So hat 2009 die Federal Trade Commission (FTC) in den Vereinigten Staaten begonnen, die Manipulation von Meinungen in sozialen Netzwerken zu verfolgen und Strafen zu verhängen. Als Folge haben Unternehmen begonnen, ihre Online-Reputation auf mögliche Fake-Bewertungen zu überwachen und gegebenenfalls selbst rechtliche Schritte gegen Verursacher einzuleiten. Auch erkennen immer mehr Unternehmen, dass unrealistisch positive Bewertungen nur einen Kurzzeiteffekt haben und die eigene Online-Reputation beträchtlichen Schaden nehmen kann[42].

Hotelbewertungsportale kennen mittlerweile kein Pardon: Sie kennzeichnen Hotels, die nachweislich manipuliert haben. Das folgende Beispiel zeigt eine Online-Bewertung, die bei HolidayCheck als »Fake« erkannt und nicht veröffentlicht wurde.

---

## Beispiel: Manipulationsversuch eines Hotels am Mittelmeer

*SEHR-SEHR POZITIV!*

*Sehr-sehr pozitiv! So, dass wir für nähstes Jahr unser Urlaub wieer hier verbringen wollen! Grunden dafür? Sauberkeit (wie Haus, Park, Beach, Toiletten). Höfliche distanzierte Bedienungen. Tolle Programmen für Kleinkind-Familien (Spielplatz, Spielhaus mit Bastelei, Mächen-Geschickten usw.) Möglichkeit für Ausflüge (alles in der Näe, Schiffen, Sehenswürdigkeiten mit Kleinkinder auch). Bankomat, Lebensmittel in der Näe (funktioniert!). Sportarten (Fahrrad-Miete usw.), Friseur, Pflege. Wenige Mücken, Ameisen, Kontrolle am Beach. Arztliche auch! Kein Diebstahl, gut versicherte Schlossen am Haus, Safe-Mieten is möglich. Gutes Essen im Restaurant. Also im Gross und ganz fühlten wir uns sehr wohl, so dass wir nächstes Jahr wieder plänen werden!*

Quelle: HolidayCheck AG

---

Neben rechtlichen Konsequenzen und einem drohenden Imageschaden hat Manipulation auch direkte Folgen: Wird ein Hotel über den grünen Klee gelobt, so wird es damit neue Gäste anziehen. Doch diese Gäste werden mit falschen Erwartungen anreisen. In Folge wird das »Erwartungsprinzip« ganz automatisch für einen Ausgleich sorgen und negative Bewertungen enttäuschter Gäste sind die Konsequenz daraus.

## Gut zu wissen

Oft wird als großer Vorteil von Bewertungen bei Online-Buchungsportalen angeführt, dass nur diejenigen Nutzer bewerten dürfen, die über das entsprechende Portal gebucht haben. Hinsichtlich Manipulationen ist diese Hürde jedoch nicht sehr hoch: Bei einer Untersuchung der Stiftung Warentest von Hotelbewertungs- und Buchungsportalen konnten bei allen Portalen Bewertungen abgegeben werden, ohne das Hotel tatsächlich besucht zu haben[43].

### *Erpressungsversuche von Gästen*

Die neue Macht über gute oder schlechte Bewertungen steigt manchen Gästen zu Kopf. Es kommt immer wieder vor, dass Gäste Hotels mit einer negativen Hotelbewertung drohen, sofern nicht gewisse Forderungen (z. B. ein Rabatt, ein Zimmerupgrade, etc.) erfüllt werden.

Juristisch gesehen ist das Erpressung. Wir empfehlen, keinesfalls auf solche Gesuche einzugehen – es sei denn, sie sind berechtigt.

## +++ TIPP

Informieren Sie das betreffende Online-Portal über den Erpressungsversuch noch vor Einreichung der negativen Bewertung. Das Portal kann dann die Situation prüfen und gegebenenfalls von einer Veröffentlichung der Bewertung absehen.

+++

Oftmals werden Erpressungsversuche vonseiten der Hotellerie jedoch mit einem anderen Fall verwechselt: Wenn ein unzufriedener Gast seine Absicht äußert, eine Bewertung abzugeben, so ist dies keine Erpressung – sondern eine reine Meinungsäußerung.

## 5.3 Wie die Online-Portale Authentizität gewährleisten

tripadvisor®

### *Interview mit Pia Schratzenstaller, Pressesprecherin Deutschland, TripAdvisor*

**Wie werden in Ihrem Portal Hotelbewertungen vor deren Freischaltung überprüft und Manipulationen verhindert?**

*Bei TripAdvisor setzen wir auf ein dreigliedriges System, um sicherzustellen, dass manipulierte Bewertungen herausgefiltert werden. Erstens werden Bewertungen systematisch von unseren firmeneigenen Instrumenten untersucht. Dabei prüfen und evaluieren wir Hunderte verschiedener Attribute, die mit elektronischer Korrespondenz in Verbindung stehen, von beispielsweise IP-Adressen, über die Art des verwendeten Browsers bis hin zur Bildschirmauflösung des vom User verwendeten Geräts. Zweitens unterstützt uns unsere passionierte Community mit mehr als 60 Millionen Nutzern dabei, verdächtige Inhalte aufzuspüren. Und schlussendlich vertrauen wir auf unser internationales Investigations-Team mit zurzeit rund 100 Mitarbeiten, das Bewertungen untersucht, die unsere firmeneigenen Tools oder unsere Community als verdächtig melden.*

**Wie viel Prozent der abgegebenen Bewertungen werden nicht online gestellt? Was sind die häufigsten Gründe?**

*Unsere Systeme sind sehr effektiv. Die genaue Anzahl an verdächtigen Bewertungen, die unsere Filter auffinden, geben wir jedoch nicht Preis. User empfinden die Bewertungen und Meinungen auf TripAdvisor als hilfreich, deshalb besuchen sie unsere Seite immer wieder, um für ihre Reisen zu recherchieren. Eine Umfrage von PhoCusWright [a] im Auftrag von TripAdvisor zeigt, dass 98 % der Teilnehmer der Ansicht waren, dass die Hotelbewertungen auf TripAdvisor ihrer tatsächlichen Erfahrung entsprachen.*

[a] Laut einer PhoCusWright-Umfrage im Juli 2011 mit 3.641 Teilnehmern. Umfrage-Teilnehmer wurden zufällig mithilfe eines Pop-up-Fensters auf TripAdvisor.com zur Teilnahme aufgefordert.

**An wen kann sich ein Hotelier bei Unklarheiten wenden?**

*Wir bieten Eigentümern via Hotline (0800-184-4968) oder E-Mail die Möglichkeit, uns direkt zu kontaktieren, wenn sie denken, dass ein falscher Review oder einer, der nicht unseren Richtlinien entspricht, freigeschaltet wurde. Wir gehen jedem Hinweis nach. Zudem bieten wir ein Management Response Tool an, das es Hoteliers ermöglicht, direkt auf TripAdvisor auf Bewertungen zu antworten. So haben Unternehmer immer das letzte Wort – ob negative oder positive Bewertung. Über unser Management Cen-*

ter erhalten Hoteliers darüber hinaus Informationen, wie sie die Seite optimal nutzen können. Dort finden sich auch FAQs bezüglich der Bewertungsrichtlinien. Zusätzlich führen wir Master Classes durch, das sind Trainings-Seminare, in denen die Hoteliers erfahren, wie sie das Beste aus ihrer TripAdvisor-Präsenz herausholen können.

### Wenn ich als Hotelier eine Hotelbewertung beanstande – wie wird dann vorgegangen?

*Einen Standard-Ansatz gibt es hier nicht, da sich die Einzelfälle unterscheiden. Wie bereits oben erwähnt, bieten wir Eigentümern via Hotline oder E-Mail die Möglichkeit, uns im Problemfall direkt zu kontaktieren. Wir gehen jedem Hinweis individuell nach und prüfen die Sachlage in Absprache mit dem jeweiligen Hotelier.*

HolidayCheck.com

## Interview mit Tobias Hammer, Head of Content Quality Assurance, HolidayCheck

### Wie werden in Ihrem Portal Hotelbewertungen vor deren Freischaltung überprüft und Manipulationen verhindert?

*Bei HolidayCheck durchläuft jede eingehende Bewertung vor der Veröffentlichung einen Prüfprozess. Dieser Prozess beginnt erst, wenn der User seine angegebene E-Mail Adresse (per Double-Opt-In) bestätigt hat. Anschließend durchläuft die Bewertung zunächst einen technischen Check, bei dem 16 Parameter automatisiert geprüft werden. Dies beinhaltet unter anderem auch Wortfilter auf beleidigende Formulierungen, um potenzielle Schmähkritik zu unterbinden oder auf branchenspezifische Werbetexte. Hotelbewertungen, die in diesem System hängen bleiben, werden von geschulten Mitarbeitern der Abteilung Content Quality Assurance auf ihre Authentizität geprüft. Im Zweifel werden Beherbergungsnachweise von den Bewertern verlangt.*

### Wie viel Prozent der abgegebenen Bewertungen werden nicht online gestellt? Was sind die häufigsten Gründe?

*Das variiert zwischen den Plattformen. Auf den D/A/CH Seiten, also den Websites mit deutschsprachigen Hotelbewertungen, haben wir einen Ausschuss von etwa 10 % über alle abgegebenen Bewertungen. Die Gründe dahinter sind sehr vielfältig. Vereinfacht ausgedrückt haben diese Inhalte nicht unseren Prüfprozess bestanden und erfüllen nicht unsere Nutzungsbedingungen oder unsere Qualitätsansprüche.*

## *An wen kann sich ein Hotelier bei Unklarheiten wenden?*

*Ansprechpartner für Hotelbewertungen ist die Abteilung Content Quality Assurance. Hier steht den Hoteliers ein mehrköpfiges Team bei sämtlichen Fragen zur Verfügung. Das Team ist per E-Mail (service@holiday-check.com), Telefon (+41 71 686 9500) oder Fax (+41 71 686 5028) erreichbar.*

## *Wenn ich als Hotelier eine Hotelbewertung beanstande – wie wird dann vorgegangen?*

*Diese Frage ist nicht verallgemeinernd zu beantworten, da die Vorgehensweise von verschiedenen Faktoren abhängt. Zunächst einmal sitzen bei HolidayCheck Menschen, die Hoteliers und anderen Dienstleistern als Ansprechpersonen unter den eben genannten Kontaktdaten zur Verfügung stehen. Für die Bearbeitung einer Beschwerde setzen wir voraus, dass diese schriftlich eingereicht wird. Nur dann starten die standardisierten Prozesse unseres Beschwerdemanagements. Je nachdem, welcher Sachverhalt vorliegt, nehmen wir die beanstandete Bewertung mit Kenntniserlangung einer substantiiert vorgetragenen Beschwerde temporär sowie ohne Anerkennung einer Rechtspflicht offline und treten anschließend mit dem Autor in Kontakt. Der weitere Verlauf der Beschwerdebearbeitung hängt dann vom Kommunikationsverlauf mit dem Verfasser ab.*

*Ich möchte an dieser Stelle betonen, dass wir uns dabei als neutrale Instanz im Beschwerdeprozess verstehen. Wir dulden weder eine Instrumentalisierung von Hotelbewertungen durch ehemalige Gäste, noch löschen wir negative Beiträge auf einfachen Zuruf der Hoteliers.*

# 6

# Hotel-bewertungen MANAGEN

Konfuzius sagt:
»Der Weg ist das Ziel«

Nachdem Sie bisher viel Hintergrundwissen zum Thema Bewertungen erhalten haben, geht es in den nächsten Kapiteln ans »Eingemachte«: Sie erhalten konkrete Anleitungen und Tipps, wie Sie in der Praxis mit Hotelbewertungen umgehen.

## 6.1 Online-Reputation Management entwickeln

Gäste haben eine unübersichtlich große Anzahl an Möglichkeiten, ein Feedback abzugeben. Als Hotel ist es nicht immer leicht, den Überblick zu behalten. Es geht darum, die Reputation – den Ruf – eines Unternehmens im Internet möglichst umfänglich zu überwachen und zu steuern.

Das Reputationsmanagement hat mit der technischen Entwicklung des Internets, der zunehmenden Nutzung von sozialen Netzwerken und mit der Zunahme von »User Generated Content« immens an Bedeutung gewonnen. Personen, Unternehmen und Organisationen sehen sich damit konfrontiert, dass teilweise sehr persönliche oder kritische Informationen im Netz landen. Inzwischen werden sogar Dienstleistungen angeboten, um den eigenen Ruf im Internet zu schützen.

> *»Es braucht 20 Jahre, um einen guten Ruf aufzubauen und 5 Minuten, ihn zu zerstören.«* (Warren E. Buffet)

---

### Wie eine einzige Bewertung 160 Millionen Dollar Schaden anrichten kann

Der kanadische Musiker Dave Carroll hat eine Bewertung abgegeben, die bislang über 12 Millionen Mal im Internet aufgerufen wurde. Wie es dazu kam: 2008 flog Carroll mit United Airlines von Chicago nach Nebraska. Seine 3.500 Dollar teure Gitarre wurde dabei beschädigt. Geschlagene 9 Monate musste er mit der Airline um Schadenersatz streiten. Am Ende verweigerte United eine Zahlung. Carroll versprach der Fluglinie, dass er über sein schlechtes Erlebnis einen Song schreiben und ein Video produzieren würde. Der Rest ist Geschichte. Über 12 Millionen Mal wurde der Videoclip »United Breaks Guitars« bei Youtube angeklickt und hat damit einen geschätzten Image-Schaden von 160 Millionen Dollar für United Airlines produziert[44]. Neben der Musik ist Carroll mittlerweile gefragter Buchautor und Vortragender zu den Auswirkungen von Social Media.

---

***Online-Reputation Management kann man sich als Kreislauf vorstellen:***

**Was ist »Online-Reputation Management«?**

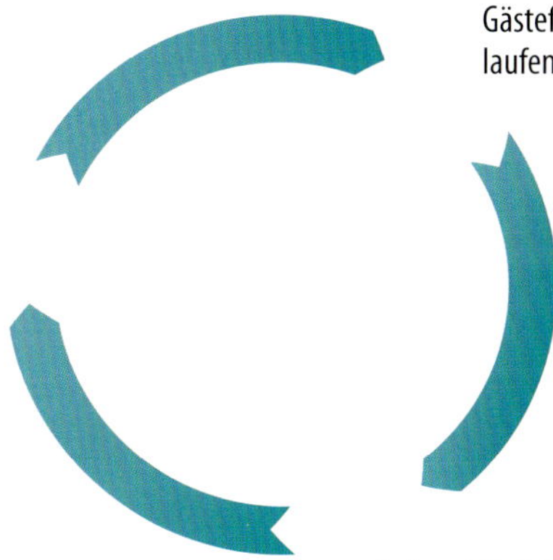


## *Realistische Erwartungen setzen und übertreffen*

Die Aufgabe des Online-Reputation Management besteht darin, das Marketing eines Hotels so zu steuern, dass realistische Erwartungen beim Gast geweckt werden. Achten Sie darauf, dass die von Ihnen erweckte Erwartungshaltung möglichst Spielraum für Überraschungen offenhält. Vermeiden Sie eine übertrieben positiv verfälschte Darstellung Ihres Betriebes. Überraschungsmomente für den Gast ganz gezielt einzusetzen, hilft, dessen Erwartungen zu übertreffen. Als Folge gelingt es, positives Gästefeedback auszulösen.

## *Gästefeedback ernst nehmen und Verbesserungen umsetzen*

Im zweiten Schritt müssen Gästefeedbacks erfasst und für das Hotelmanagement nutzbar gemacht werden. Das heißt, die Informationen aus Hotelbewertungen und anderen Quellen müssen gelesen, zusammengefasst und ausgewertet werden – und zwar in der Form, dass daraus laufend Verbesserungspotenziale erkennbar werden. Häufungen positiver wie negativer Nennungen werden erfasst und gedeutet. Nutzen Sie das Verbesserungspotenzial aus diesen Informationen, indem Sie daraus Ziele, Strategien und Maßnahmen ableiten, um Optimierungen im Betrieb ernsthaft umzusetzen.
Dies gelingt nur, wenn alle Mitarbeiter – vom House Keeping bis zum General Management – in diesen Prozess eingebunden werden.

### *Online-Möglichkeiten proaktiv nutzen*

Ein weiterer Erfolgsfaktor für den Aufbau eines erfolgreichen Online-Reputation Management ist es, das Internet als Social Web (»Mit-Mach-Web«) zu verstehen und proaktiv zu nutzen. Die Entscheidung dazu muss von der Unternehmensführung getroffen und von allen Mitarbeitern mitgetragen werden.

### *Online-Reputation Management in der Praxis*

Während größere Betriebe und die Markenhotellerie bereits eigene »Online-Reputation Manager« in Vollzeit beschäftigen, werden diese Aufgaben in den meisten kleineren Unternehmen von den Rezeptionsmitarbeitern oder Inhabern übernommen. In großen Resorts sind es oft die sogenannten »Guest Relation Manager«, die sich um das Reputationsmanagement (mit-)kümmern.

---

## Beispiele

Dem Online-Reputation Management wird unterschiedlich viel Bedeutung beigemessen. In unseren Hotelbewertungsseminaren sitzen ganze Teilnehmerrunden, die berichten, dass der Bereich bisher gar nicht geregelt ist.

In Hurghada haben wir einen Guest Relation Manager kennengelernt, der die Systematik hinter dem Portal HolidayCheck so tiefgründig analysiert hat, dass er sich diese selbst in einer Tabellenkalkulation »nachgebaut« hat. So kann er seinem Hoteldirektor jeweils Vorhersagen über die Bewertungsentwicklung und Prognosen zu den erwarteten Durchschnittsbewertungen geben.

An der Türkischen Riviera berichtete ein Direktionsassistent, dass er täglich bis zu 10 Bewertungen aus dem Deutschen ins Türkische zu übersetzen und dem General Manager vorzulegen hat. Dieser liest alle Bewertungen und verfasst Antworten, die er dann wieder zurückübersetzt und online stellt.

---

Wir empfehlen allen Hotels, einen Verantwortlichen für das Thema Online-Reputation Management zu benennen. Dazu muss nicht gleich eine neue Stelle geschaffen werden. Angesiedelt im Bereich Verwaltung, Rezeption, Marketing oder in der Gästebetreuung, beauftragt man am besten einen Mitarbeiter, der online-affin ist. Dem Mitarbeiter ist für diese Aufgabe entsprechend Zeit einzuräumen. Zudem ist genau zu definieren, in welchem Rahmen die Aufgaben zeitlich und kostenmäßig durchgeführt werden sollen.

***Der »Online-Reputation Manager« kümmert sich um:***

- ★ Erstellung von Handlungsanleitungen sowie die Regelung von Verantwortlichkeiten
- ★ Einheitliche Reaktion auf Gästefeedbacks über Social-Media-Kanäle, insbesondere Bewertungen (Schreibstil, Form, Anrede des Gastes etc.)
- ★ Laufendes Monitoring, also die Beobachtung der wichtigsten Kanäle und Zusammenfassung der Ergebnisse (z. B. »Tops« und »Flops« der vergangenen Woche etc.)
- ★ Auslösen der internen Kommunikation (das heißt, die Ergebnisse müssen die betreffenden Abteilungen und Personen erreichen)
- ★ Identifikation von Trends (Über welche Themen sprechen meine (potenziellen) Gäste?)
- ★ Management-Meetings zur Planung und Umsetzung von Zielen hinsichtlich Ausnutzung von Verbesserungspotenzialen
- ★ Schulung und Sensibilisierung der Mitarbeiter für den Umgang mit Gästefeedback

## 6.4 Online-Instrumente der Hotelbewertungsportale

Alle Bewertungsportale bieten Hoteliers eigene, passwortgeschützte Bereiche an. Dort können bestehende Betriebsdaten ergänzt, Hausbeschreibungen, Bilder oder Videos hochgeladen und gegebenenfalls Gästefeedbacks kommentiert werden.

### *Die Funktionen bei HolidayCheck und TripAdvisor*

Bei HolidayCheck steht mit dem »HotelManager« ein passwortgeschützter Bereich mit umfangreichen Funktionen kostenlos zur Verfügung. Seit Juni 2012 wird Hotels mit »HolidayCheck HotelAds« auch eine bezahlte Werbemöglichkeit angeboten. Nutzer haben die Möglichkeit, mehrere Hotelbetriebe zu verwalten.

Es stehen im HotelManager eine ganze Reihe Funktionen für Marketing- und Qualitätsmanagement (Widgets, Promotion-Material) zur Verfügung.

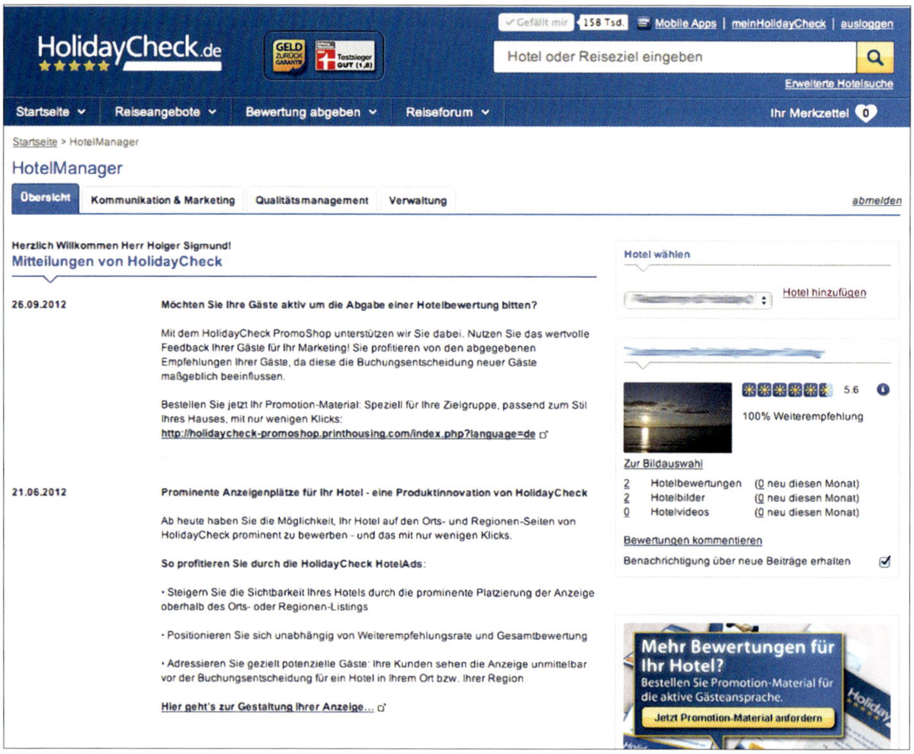


*Screenshot: HolidayCheck HotelManager*

*Screenshot: TripAdvisor Management-Zentrale*

Auch TripAdvisor bietet Inhabern unter »TripAdvisor for Business« vielfältige Funktionen in der sogenannten »Management-Zentrale« an. Dort kann der Eintrag verwaltet und auf Bewertungen reagiert werden. Auch Marketinginstrumente (Widgets, Printmedien, etc.) werden angeboten. Zusätzlich bietet TripAdvisor mit einem kostenpflichtigen »Business-Eintrag« erweiterte Funktionen wie z. B. die Platzierung von Kontaktdaten und Aktionsangeboten an.

Die Funktionen anderer Bewertungsportale sind ähnlich. Stellen Sie in jedem Fall sicher, dass auf den für Sie relevanten Plattformen die Darstellung Ihres Hotels optimal gestaltet ist.

## 6.5 Den Erfolg langfristig sichern

Wie kann aus strategischer Sicht Gästefeedback so eingesetzt werden, dass ein nachhaltiger, positiver Entwicklungsprozess in Gang gebracht wird – für ein einzelnes Hotel, eine Hotelkette oder eine ganze Destination? Wir haben 10 Schritte entwickelt, die wir als Elemente einer Positivspirale zur Erreichung von nachhaltiger Gästezufriedenheit und damit wirtschaftlichem Erfolg identifziert haben.

*Tourismuspartner 10 Steps*

## 1 Set: Realistische Erwartungen setzen

Basis für die Positivspirale ist das systematische Kennenlernen und Steuern der Gästeerwartungen. Im Marketing werden diese Erwartungen aufgegriffen und bei der Darstellung von Leistungen positiv kommuniziert. Ziel ist es, den »richtigen« Gast für den Hotelbetrieb anzusprechen, in dem man realistische Erwartungen vermittelt – anstelle geschönter Werbebotschaften.

## 2 Optimize: Die Kommunikationserfahrung für Gäste optimieren

Von der Online-Buchung bis zur Geburtstagsmail: Die gesamte Kommunikation mit dem Gast muss perfekt aufeinander abgestimmt werden und zum Produkt- und Markenversprechen passen – benutzerfreundlich, individuell, grafisch ansprechend – und das in allen Medien. Immer wieder zeigen »Mystery Tests« von Online-Kommunikationsmitteln im Tourismus, welches Verbesserungspotenzial selbst bei Vorzeigebetrieben in diesem Bereich nach wie vor schlummert.

## 3 Deliver: Servicequalität als positive Gästeerfahrung verstehen und nutzen

Schritt 3 ist ganz einfach und doch so schwer – denn es geht um Qualität. Hier sind das ganze Team bzw. alle Leistungsträger in der Pflicht. Die Leistungen müssen aus Gästesicht optimal erbracht werden.

## 4 Activate: Gäste-Feedback aktivieren

Wurden Gästeerwartungen (über-)erfüllt, so sollen möglichst viele Gäste zu (positivem) Feedback motiviert werden. Das beinhaltet nicht nur Online-Hotelbewertungen, sondern auch das direkte Feedback des Gastes im Betrieb. Der aktive Umgang mit Gästemeinungen und die Motivation des Gastes zum ehrlichen Feedback stehen im Vordergrund.

## 5 *Analyze: Gäste-Feedback analysieren*

Rückmeldungen von Gästen (direktes Feedback, Kommentare, Online-Bewertungen) werden systematisch ausgewertet. Instrumente wie z. B. semantische Analysen oder eine Importance/Performance-Analyse (vgl. Kapitel 9 ab Seite 112) helfen dabei.

## 6 *Integrate: Professionelles Feedback integrieren*

Das laufende Gäste-Feedback kann durch Methoden wie »Mystery Guesting«, Fotodokumentationen und Prozessanalysen interner Abläufe – also professionelles Feedback – ergänzt werden. Ziel ist es, die Gästesicht durch eine Experten-Sichtweise zu ergänzen, um subjektive Einzelwahrnehmungen auszugleichen und Fachwissen zu berücksichtigen, welches bei Gästen oft fehlt.

## 7 *Identify: Verbesserungsspotenziale erkennen*

Nun können aus dem Gästefeedback und dem Profi-Feedback jene Bereiche identifiziert werden, in denen Nachholbedarf oder Ausbaupotenzial bestehen. Dabei können Techniken wie beispielsweise die »Blue Ocean«-Strategie helfen: Darin werden Leistungen neu gestaltet, teilweise werden herkömmliche Herangehensweisen bewusst auf den Kopf gestellt.

## 8 *Improve: Leistung verbessern*

Die entwickelten Verbesserungspotenziale gehen nun in die Umsetzung und erreichen so die Gäste. Oft kann bereits die Veränderung kleiner Details große Wirkung haben.

## 9 *Achieve: Einzigartige Gäste-Erfahrungen erreichen und sichern*

Gäste müssen stets aufs Neue positiv überrascht werden. Sie erhalten ein Reiseerlebnis, welches aus dem allgemeinen Sumpf standardisierter Tourismusprodukte hervorsticht.

# WIE GEFÄLLT IHNEN UNSER BUCH?

Wir freuen uns, wenn Sie sich einen Moment Zeit nehmen und auf Amazon eine Buchrezension verfassen:
**www.tourismuspartner.cc/rezension**

Vielen Dank!

Alexander Fritsch und Holger Sigmund

MATTHAES
IHR SCHLÜSSEL ZUM ERFOLG
FACHBÜCHER FÜR DEN ERFOLGREICHEN HOTEL- UND GASTRONOMIEBETRIEB

## MANFRED KOHL
## RICHTIGER PREIS, SATTER GEWINN

DAS Praxishandbuch für alle, die Lust haben auf neue Wege zum geschäftlichen Erfolg. Manfred Kohl gibt wichtige und praxisorientierte Impulse für aktives Handeln und zeigt, dass es großen Spaß macht, mithilfe der richtigen Methoden den eigenen Umsatz in die Höhe zu treiben. Ein unverzichtbares Werkzeug, um Ihr Unternehmen im „Haifischbecken Hotelmarkt" fit für die Zukunft zu machen.

160 Seiten | Hardcover
ISBN 978-3-87515-071-1 | € 39,90

### POSSLER / THOMBANSEN
### SERVICE-CHECK

Hotellerie & Gastronomie

Das Buch für Führungs- und Fachkräfte aus kleinen und mittleren Gastronomiebetrieben sowie Hotels, die ihren Service kritisch auf den Prüfstand stellen wollen.

160 Seiten | Softcover
ISBN 978-3-87515-056-8 | € 32,–

### KAMMERER
### 100 GENIALE PRAXISTIPPS

für Hotellerie & Gastronomie

Oft sind nur kleine Veränderungen nötig, um Großes zu bewirken – ohne erheblichen finanziellen und zeitlichen Aufwand zum doppelten Ertrag.

176 Seiten | Softcover
ISBN 978-3-87515-036-0 | € 32,–

### KAMMERER
### OPTIMIERUNG UND EXISTENZSICHERUNG IM GASTGEWERBE

Das Buch erläutert Zusammenhänge zwischen Kostenmanagement, Mitarbeiterführung, Erlössteigerung, Finanzmanagement und Geschäftsführung.

176 Seiten | Softcover
ISBN 978-3-87515-047-6 | € 32,–

### NIERHAUS / PLONER
### REICH IN DER GASTRONOMIE

Strategien für die Zukunft

Zwei anerkannte Fachmänner der Branche erläutern Konzepte und Strategien zur Unternehmens- und Existenzsicherung.

272 Seiten | Softcover
ISBN 978-3-87515-022-3 | € 32,–

### KAMMERER / CORDES
### PARTYSERVICE & CATERING

Der Ratgeber richtet sich sowohl an Einsteiger, als auch an erfahrene Caterer, die sich in Zukunft auch an die großen Aufträge heranwagen wollen.

159 Seiten | Softcover
ISBN 978-3-87515-017-9 | € 32,–

### RICHTER / RICHTER
### KÜCHENKALKULATION

Praxisorientiert und leicht verständlich wird die Fülle an Zahlen so aufgeschlüsselt, dass sie von jedermann verstanden und einfach umgesetzt werden kann.

216 Seiten | Softcover
ISBN 978-3-87515-021-6 | € 32,–

### SCHUMACHER
### DER CLEVERE GASTRONOM

Das Buch erläutert ein variables Konzept mit fünf Bausteinen zum Erfolg, das in jedem gastronomischen Betrieb, auch in kleinen, umsetzbar ist.

192 Seiten | Softcover
ISBN 978-3-87515-014-8 | € 32,–

### SIMMETH
### GEBRAUCHS-ANLEITUNG GAST

Zeigt Wege auf, wie man Gäste tatsächlich begeistert, an sich bindet und dabei auch noch mit Leichtigkeit den Umsatz steigert.

192 Seiten | Softcover
ISBN 978-3-87515-060-5 | € 32,–

## GATTERER / RÜTZLER
## HOTEL DER ZUKUNFT

Sechs Thesen zeigen, wohin die Entwicklung geht und wie sich das Konsumverhalten der Gäste und somit ihre Wünsche und Anforderungen an ein Hotel verändern. Wichtige Trendfelder werden ausführlich beleuchtet und geben jedem Hotelier unzählige Anregungen, die im eigenen Haus umgesetzt werden können. Kurze und prägnante Schlussfolgerungen schließen dieses inspirierende Buch ab.

180 Seiten | Hardcover
ISBN 978-3-87515-064-3 | € 39,90

## DAWIDOWSKY
## DER PERFEKTE BUSINESSPLAN
für die Gastronomie

Grundsätzliches zum Businessplan, Vorbereitung auf unerlässliche Verhandlungen sowie Hilfestellung bei der Analyse wichtiger Aspekte.

152 Seiten | Softcover
ISBN 978-3-87515-046-9 | € 32,–

## GRUDDA / HARTAUER
## POWER BRIEFING

Eine innovative Methode, Mitarbeiter in 3 Minuten pro Tag zu schulen, zu motivieren, zu führen und gleichzeitig den Teamgeist zu stärken.

144 Seiten | Softcover
ISBN 978-3-87515-065-0 | € 32,–

## JÄKEL / PLONER
## AUF DER SUCHE NACH ERFOLGSREZEPTEN

Ein fesselndes Buch, das Anregungen, Ideen, Erkenntnisse und unerschöpfliches Gastrowissen für jeden bietet.

152 Seiten | Hardcover
ISBN 978-3-87515-048-3 | € 32,–

## GARDINI (HRSG.)
## MIT DER MARKE ZUM ERFOLG

Marco A. Gardini zeigt mittels theoretischen Grundlagen, Fallstudien und Anwendungserfahrungen, wie sich eine Marke positiv auswirken kann.

352 Seiten | Hardcover
ISBN 978-3-87515-517-4 | € 49,90

## VON FREYBERG / GRUNER / LANG
## ERFOLGREICH IN DER PRIVATHOTELLERIE

Wie es gelingt, sich am hart umkämpften Hotelmarkt mit seinem Privathotel von der Masse abzuheben. Interviews mit Managern bzw. Inhabern von 16 außergewöhnlichen Hotelunternehmungen verschaffen einen fundierten Einblick in die Arbeit erfolgreicher Unternehmer. Zusammen mit zahlreichen Abbildungen, Tabellen und Checklisten wird die Grundlage für langfristigen und stabilen Erfolg mit dem eigenen Hotel gelegt.

224 Seiten | Hardcover
ISBN 978-3-87515-066-7 | € 39,90

## FRANK SIMMETH
## GEBRAUCHSANLEITUNG MITARBEITER

Wie findet man Menschen, die sich für die Arbeit am Gast begeistern und wie kann man sie halten und motivieren? Auf humorvolle und verständliche Art vermittelt Frank Simmeth, was man über seine Mitarbeiter wissen muss und wie man dieses Wissen im Führungsalltag geschickt umsetzen kann. Ein Buch, das Ihre Führungskompetenz steigern und Ihre Vorgehensweise entscheidend verändern wird.

256 Seiten | Softcover | ISBN 978-3-87515-079-7 | € 32,–

## FRITSCH/SIGMUND
## HOTELBEWERTUNGEN RICHTIG NUTZEN

Das Handbuch für den professionellen Umgang mit Gästebewertungen von den Tourismusexperten Alexander Fritsch und Holger Sigmund. Prall gefüllt mit Beispielen und Tipps, durch zahlreiche Abbildungen und Tabellen besonders praxisnah erläutert. Ein unverzichtbares Tool für jeden Hotelier und Touristiker, der Gästefeedback positiv für sein Unternehmen nutzen möchte.

200 Seiten | Softcover | ISBN 978-3-87515-080-3 | € 32,–

### NIERHAUS / SÜSSMEIER
### TRADITIONSREICH MIT GASTHOF, WIRTSHAUS UND KNEIPE

Die profilierten „Gastroprofis" Pierre Nierhaus und Michael Süßmeier zeigen, wie man mit authentisch gelebter Tradition erfolgreich werden kann. Die Erfolgsprinzipien der weltweiten Traditionsgastronomie werden facettenreich und leicht verständlich beleuchtet.

200 Seiten | Softcover
ISBN 978-3-87515-078-0 | € 32,–

## HIER BESTELLEN!

Onlineshop
**www.matthaes.de**

Info & Bestellung
**0711/2133-329**

Portofreie Lieferung*

*innerhalb Deutschlands

## 10 *Address: Den richtigen Gast ansprechen*

Wenn die eigenen Leistungen mit Gästeerwartungen und Gäste-Feedbacks zusammenpassen, ergibt das die Grundlage zur Gewinnung neuer und zufriedener Gäste. Und zwar Gäste, die exakt zum Betrieb, zur Marke und Destination passen.

***Mit den beschriebenen Schritten wird ein positiver Prozess in Gang gebracht, der zu mehr Gäste- und Mitarbeiterzufriedenheit führt. Beides wirkt zusätzlich verstärkend: Je zufriedener die Gäste, umso zufriedener die Mitarbeiter, umso zufriedener die Gäste und so weiter…***

Letztendlich sichert dieser Kreislauf den nachhaltigen Erfolg.

# Bewertungen
SAMMELN

## 7.1 Die Bewertungsanzahl entscheidet über den Erfolg

Mit der Anzahl der Bewertungen steigt auch das Buchungspotenzial für ein Hotel. In einer Studie für das Online-Portal trivago wurde festgestellt, dass schon das Vorhandensein einer einzigen Hotelbewertung die Buchungswahrscheinlichkeit gegenüber eines Hotels ohne Bewertung um 70 % erhöht. Bei über 10 Bewertungen steigt das Potenzial sogar um satte 315 %[45].

Ein Grund dafür könnte der psychologische Effekt des »Vertrauens in die Mehrheitsmeinung« sein (vgl. Kapitel 3). Ein weiterer Grund sind statistische Effekte: Je mehr Bewertungen vorhanden sind, desto geringer fallen positive, wie auch negative »Ausreißer« ins Gewicht. Studien zeigen, dass mit der Bewertungsanzahl auch die »Mehrheitsmeinung« mit der tatsächlichen Qualität besser übereinstimmt.

### *Aktualität von Bewertungen*

Einige Hotelbewertungsportale akzentuieren aktuellere Bewertungen stärker als ältere Bewertungen. Dies äußert sich nicht nur dadurch, dass neue Bewertungen ganz nach vorne gereiht werden, sondern teilweise auch in der Berechnung von Durchschnittsnoten.

So hat bei TripAdvisor neben der Qualität (also der abgegebenen Durchschnittsnote) auch die Aktualität und Anzahl der Bewertungen Einfluss auf das Hotel-Ranking. HolidayCheck verwendet sogar ein »Archiv« für Bewertungen, die älter als 25 Monate sind (diese sind zwar weiterhin lesbar, haben jedoch keinen Einfluss mehr auf die Berechnung von Durchschnittswerten oder Weiterempfehlungsraten).

***Im Klartext: Man kann sich auf positiven Bewertungen nicht ausruhen. Im Gegenzug beeinflussen negative Bewertungen aber auch nicht dauerhaft das eigene Ranking. Die Aufgabe ist es, kontinuierlich einen möglichst großen Anteil der eigenen Gäste zur Abgabe von Hotelbewertungen zu motivieren.***

## Gäste zu Bewertungen motivieren 7.2

Wie kann man Gäste aktiv auffordern, eine Hotelbewertung abzugeben? Hotels benutzen dafür verschiedene Techniken, die wir nachfolgend zusammengefasst haben:

### *Beim Check-Out darum bitten*

Bei vielen Hotels schlummert hier noch großes Potenzial, denn die Standardfrage lautet zumeist: »War alles zu Ihrer Zufriedenheit?«. Womöglich wird die Frage gestellt, während nebenbei noch die Rechnung fertiggestellt wird und die Aufmerksamkeit eher dem Computerbildschirm als dem Gast gilt.

Trainieren Sie Ihr Rezeptionsteam, ernsthaft Feedback einzuholen und Gäste um Hotelbewertungen zu bitten. Letzter Angriffspunkt ist dabei das Check-Out. Eigentlich sollte schon während des Aufenthaltes die Gästezufriedenheit erhoben werden. Weiterführende Informationen dazu erhalten Sie übrigens in Kapitel 9 ab Seite 112.

Versuchen Sie doch einmal ein paar der folgenden Techniken für Feedback beim Check-Out an Ihre Mitarbeiter weiterzugeben:

## +++ TIPPS

- ★ Begründen Sie, warum Hotelbewertungen so wichtig für Sie sind (»Sie wissen selbst, welchen Einfluss heutzutage Bewertungen haben...«).

- ★ Kommunizieren Sie, dass der Gast Ihrem Hotel und dem Team mit einer Hotelbewertung hilft, weil Sie Ihre Leistungen ständig verbessern möchten.

- ★ Beschreiben Sie kurz, wie eine Hotelbewertung abgegeben werden kann und bedanken Sie sich im Voraus für den Zeitaufwand.

- ★ Stellen Sie offene Fragen anstelle von geschlossenen (»ja/nein«) Fragen. Beispiel: »Welche Leistungen in unserem Haus könnte man aus Ihrer Sicht noch weiter verbessern?«

+++

### *Bewertungsabgabe belohnen*

Gäste können mit »Incentives« zu Hotelbewertungen motiviert werden. Das heißt, Sie schaffen als Hotel Anreize für Gästefeedback.

### Gut zu wissen

Manche Hotelbewertungsportale sehen Anreize oder Vergütungen als Gegenleistung für Bewertungen nicht gerne. So erlaubt beispielsweise TripAdvisor keine Bewertungen, die durch »angebotene Rabatte, Zimmer-Upgrades oder spezielle Behandlung jeglicher Art zur Vergütung des Schreibens« entstehen.

Fordern Sie auf jeden Fall neutral zu Bewertungen auf. Werden nur positive Bewertungen incentiviert, wird das vonseiten der Hotelbewertungsportale als Manipulation interpretiert (z. B. »Sie erhalten einen Wellnessgutschein, wenn Sie uns positiv bewerten«). Es ist empfehlenswert, sich vor der Arbeit mit Incentives eingehend mit den Richtlinien des jeweiligen Portals auseinanderzusetzen.

## Ideen für Incentives

★ Gewinnspiele

Beispiel: Unter allen in einem bestimmten Zeitraum abgegebenen Bewertungen wird ein Wochenendaufenthalt verlost. Um teilzunehmen, muss per E-Mail der Link zur abgegebenen Bewertung eingereicht werden. Ganz nebenbei weiß das Hotel genau, wer welche Bewertung abgeben hat. Es muss aber nicht gleich ein bombastischer Gewinn sein. Manche Hotels zeichnen einfach die »Hotelbewertung des Monats« aus und sorgen so für positive PR.

*Das ›Best Western Grand City Hotel‹ Rosenheim motiviert mit einem gesunden »Incentive«zu Bewertungen*

★ Abschiedsgeschenke

Gerade in der Ferienhotellerie sind kleine Abschiedsgeschenke als Erinnerung an den Urlaub beliebt. Dies kann auch mit der Bitte um eine Bewertung verbunden werden (z. B. Hinweis auf dem Abschiedsgeschenk oder direkte Ansprache bei Übergabe).

★ Gutscheine/Rabatte

Einige Hotels belohnen die Abgabe von Hotelbewertungen durch Gutscheine oder Rabatte für den nächsten Aufenthalt.

★ Gutes tun

Ein Zusammenschluss Südtiroler Hotels (www.benefizhotels.com) spendet für jede abgegebene Hotelbewertung 5 Euro für einen guten Zweck.

### *An Hotelbewertungen erinnern*

Kommunizieren Sie gegenüber Gästen, dass Sie Hotelbewertungen begrüßen und mit welchen Portalen Sie zusammenarbeiten. Dies kann durch Aufkleber, Flyer/Visitenkarten, Aufsteller an der Rezeption und vieles mehr erfolgen. Der Kreativität sind keine Grenzen gesetzt.

*Beispiel:*
*»Visitenkarte« mit Bewertungsaufforderung im Hotel ›allgäu resort‹ (www.allgaeu-resort.de)*

Sie waren mit Ihrem
Aufenthalt bei uns zufrieden?

Dann würden wir uns über eine
Bewertung unseres Hauses auf

- www.tripadvisor.de,
- www.holidaycheck.de oder auch auf
- www.facebook.com/allgaeuresort

sehr freuen. Herzlichen Dank!

## +++ TIPP

Viele Hotelbewertungsportale unterstützen Hotels mit Marketingmitteln. Die Möglichkeiten dazu finden sich meist in den Partnerzugängen oder auf Anfrage in den Service-Centern der Anbieter.

+++

**25h**
TWENTY FIVE HOURS

A MEMBER OF DESIGN HOTELS™

Hat alles gepasst? Wir freuen uns über Lob und Tadel (natürlich auch anonym). Fragebogen einfach an der Rezeption abgeben. Wenn die Zeit jetzt fehlt, hilft eine online Bewertung auf tripadvisor.com oder holidaycheck.com zukünftigen Gästen. Für Verbesserungsvorschläge und Feedbacks hat zudem unser General Manager eine offene Mailbox!

*Your answers help us to improve our product. Busy right now? Contact the General Manager directly.*

GM.HAFENCITY@25HOURS-HOTELS.COM

Wie sind Sie auf 25hours aufmerksam geworden? *How did you become aware of 25hours?*

____________________________

Ihre Anregungen, Bemerkungen und Vorschläge. *Your Feedback, remarks and suggestions for improvement.*

____________________________

____________________________

____________________________

____________________________

| | | | | |
|---|---|---|---|---|
| **HOTEL** | | | | |
| Atmosphäre / *Ambiance* | ☐ | ☐ | ☐ | ☐ |
| Mitarbeiter / *Staff* | ☐ | ☐ | ☐ | ☐ |
| Angebot / *Facilities* | ☐ | ☐ | ☐ | ☐ |
| Nachbarschaft / *Neigbourhood* | ☐ | ☐ | ☐ | ☐ |
| Preis-Leistung / *Pricing* | ☐ | ☐ | ☐ | ☐ |
| Erwartungen erfüllt? / *Meets expectations?* | ☐ | ☐ | ☐ | ☐ |
| **ZIMMER / *GUESTROOM*** | | | | |
| Ausstattung / *Equipment* | ☐ | ☐ | ☐ | ☐ |
| Bad / *Bathroom* | ☐ | ☐ | ☐ | ☐ |
| Sauberkeit / *Cleanliness* | ☐ | ☐ | ☐ | ☐ |
| Gut geschlafen? / *Slept well?* | ☐ | ☐ | ☐ | ☐ |
| **GASTRONOMIE / *CATERING*** | | | | |
| Frühstück / *Breakfast* | ☐ | ☐ | ☐ | ☐ |
| Mittagessen / *Lunch* | ☐ | ☐ | ☐ | ☐ |
| Abendessen / *Dinner* | ☐ | ☐ | ☐ | ☐ |
| Mitarbeiter / *Restaurant staff* | ☐ | ☐ | ☐ | ☐ |
| Satt & zufrieden? / *Full & satisfied?* | ☐ | ☐ | ☐ | ☐ |

Name (optional) ______________ Zimmer / *Room* ______

**WWW.25HOURS-HOTELS.COM**

Illustration: Alfredo Häberli, alfredo-haeberli.com.
Designer of 25hours Hotel Zürich. Opening 2012.

*Beispiel:*
*Karte für Gästefeedback (Vor-/Rückseite) bei den ›25hours Hotels‹ (www.25hours-hotels.com)*

## *Beispiele für Marketingmittel der Bewertungsportale*

*Marketingmittel von TripAdvisor und HolidayCheck (Screenshots vom 11.10.2012)*

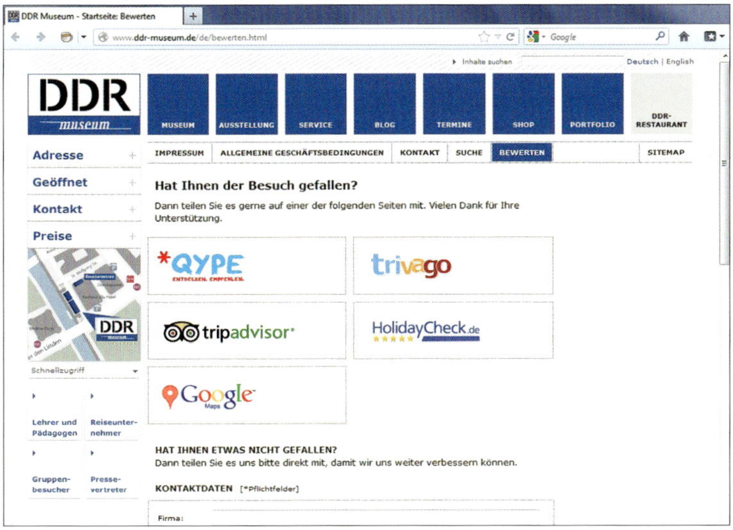


*Direkt-Links zu Bewertungsmöglichkeiten auf der Website des ›DDR Museums‹ in Berlin*

## *Online zu Bewertungen auffordern*

Integrieren Sie auf Ihrer Website Links zu den Bewertungsformularen jener Bewertungsportale, in denen Sie Bewertungen sammeln möchten.

Das ›DDR Museum‹ in Berlin (www.ddr-museum.de) hat auf seiner Website Direkt-Links zu den für das Museum relevanten Bewertungsportalen integriert. Zudem hat der Nutzer die Gelegenheit, über ein Online-Formular Kritik direkt an das Museum zu senden.

Eine weitere Möglichkeit ist eine E-Mail nach der Abreise: Sofern die E-Mail-Adresse des Gastes bekannt ist, kann für den Aufenthalt gedankt und mit einem direkten Link zum Bewertungsformular um ein Feedback gebeten werden. Viele Hotels berichten von Response-Raten von rund 20 % auf diese Maßnahme.

## +++ TIPP

Eine Aufforderung zur Bewertungsabgabe per E-Mail sollte erfahrungsgemäß nicht sofort nach der Abreise, sondern einige Tage danach erfolgen. Mehr als eine Woche sollte jedoch nicht gewartet werden.

Achten Sie zudem auf die für Ihren Betrieb relevante Rechtslage zum Versenden von E-Mails. In den meisten Ländern ist das Versenden einer E-Mail im Zusammenhang mit dem Verkauf einer Dienstleistung (Hotelübernachtung) zulässig. Ohne eindeutige Einwilligung des Empfängers dürfen Sie jedoch keine Newsletter oder ähnliches versenden.

+++

## +++ TIPP

Viele Buchungsportale schicken Gästen automatisch eine Aufforderung zur Abgabe einer Bewertung (z. B. booking.com). Achten Sie daher darauf, dass Gäste nicht mehrfach E-Mails mit der Bitte um Feedback erhalten.

+++

Gut formulierte »Nachfass«-Mails an seine Gäste versendet ein 4*S-Ferienhotel im Schweizer Engadin:

---

Beispiel:

**Ihre Meinung zählt:** Sehr geehrte(r) Gast,

wir hoffen, dass Sie eine gute Heimfahrt hatten und dass Sie sich mit Freude und Sehnsucht an die Tage bei uns zurückerinnern. Die vielen Mitarbeiter unseres Hotels haben ihr Bestes gegeben, um Ihnen eine unvergessliche Zeit zu ermöglichen. Damit wir uns immer weiterentwickeln und unsere Schwächen schneller und besser erkennen, bitten wir Sie, uns mittels dem untenstehenden Link eine Bewertung über Ihre Eindrücke in unserem Hotel zu geben.
Die Umfrage ist anonym. Sie können auf Wunsch Ihren Namen am Schluss der Umfrage hinterlegen, wir werden Sie dann kontaktieren. Aus der idyllischen Ferienoase, so schillernd, bezaubernd und vielfältig, grüßen wir Sie mit »chers salüds« (...)

---

### *Softwaresysteme zur Unterstützung*

Viele »Property Management Systeme« (Hotelsoftware, CRM-Systeme, etc.) bieten mittlerweile die Möglichkeit, Gäste nach dem Aufenthalt personalisiert per E-Mail anzuschreiben und so um eine Hotelbewertung zu bitten.

Manche Softwaresysteme bieten sogar direkte Schnittstellen zu großen Hotelbewertungsportalen wie z. B. TripAdvisor oder HolidayCheck. Der Vorteil: Die über die Software erhobenen Gästefeedbacks können direkt in die Portale transferiert werden.

Darüber hinaus werden auch spezialisierte Anwendungen am Markt offeriert. So unterstützt beispielsweise der »Bewertungsassistent« eines österreichischen Anbieters das automatisierte Anschreiben an Gäste inklusive der Auswertung und Verwaltung von Hotelbewertungen.

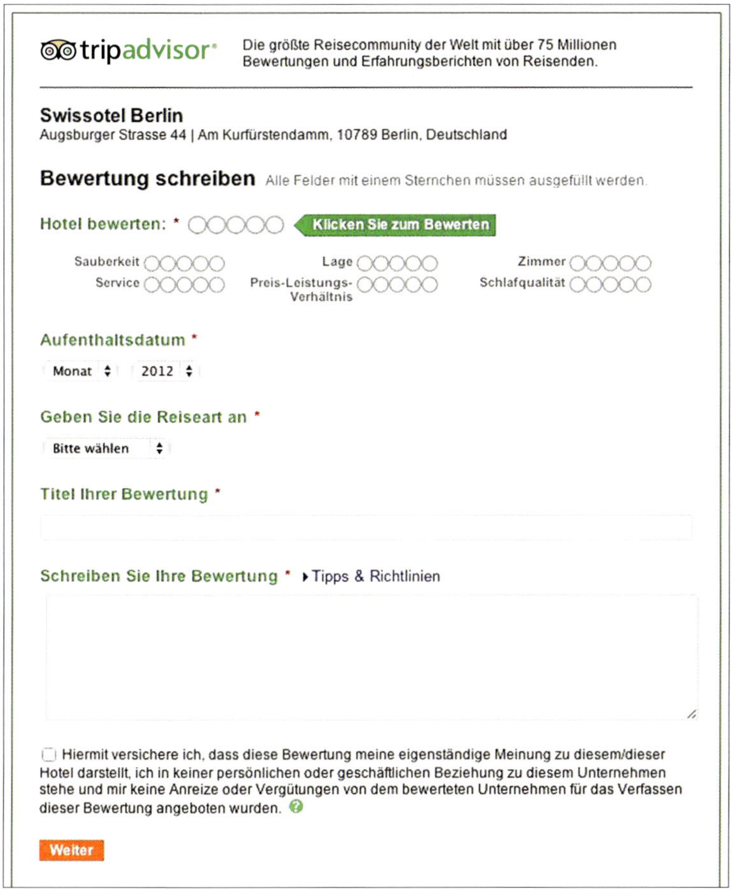


*Widget von TripAdvisor zur Bewertungsabgabe (Screenshot vom 21.12.2012)*

Wie bereits in Kapitel 6 beschrieben, bieten einige Softwaresysteme für Online-Reputation Management (z. B. TrustYou) ähnliche Funktionalitäten für das Sammeln von Bewertungen.

Auch die Hotelbewertungsportale selbst unterstützen das Sammeln von Bewertungen. So besteht bei TripAdvisor die Möglichkeit, ein »Bewertungsabgabe-Widget« in die eigene Website zu integrieren (mehr zu »Widgets« finden Sie in Kapitel 10 ab Seite 125). Dies ermöglicht es einem Hotel, über die eigene Website Bewertungen zu sammeln.

### *Direkt im Hotel bewerten*

Manche Hotels fördern die Abgabe einer Hotelbewertung, noch während der Gast im Hotel weilt. So wird z. B. das Bewertungsformular des Hotels als Standardseite nach der Einwahl ins W-LAN oder auf Surfterminals aufgerufen. Oder Gäste erhalten Tablet-PCs, um ein Online-Feedback abzugeben.

Mittlerweile sind sogar eigene Kiosksysteme zur Bewertungsabgabe im Hotel am Markt erhältlich. Dem Hotelier wird damit ermöglicht, direkt auf eine Bewertung zu reagieren – schließlich befindet sich der Gast noch im Hotel.

*Die US-Firma »GuestComment« bietet eine integrierte Lösung zur Sammlung von Bewertungen. Die so erfassten Bewertungen werden auf der Website des Hotels dargestellt.*

## +++ TIPP

Wenn Sie vor Ort Bewertungen sammeln möchten, informieren Sie vorab die entsprechenden Hotelbewertungsportale. Viele Portale führen als Kontrollmaßnahme Checks der IP-Adresse durch, von der aus Bewertungen abgeschickt werden. Wenn Bewertungen immer wieder von derselben IP-Adresse aus versendet werden, könnte das als Manipulationsversuch missverstanden werden.

+++

Übrigens: Rund 80 % der von TripAdvisor regelmäßig befragten 25.000 Hotels weltweit bitten ihre Gäste aktiv um die Abgabe einer Online-Hotelbewertung[46].

8

# AUF BEWERTUNGEN reagieren

## 8.1 Wann kommentieren?

Zu Ihrer Beruhigung: Dann und wann eine negative Hotelbewertung zu erhalten, ist völlig normal. Welches Hotel auf der Welt kann schon 100 % seiner Gäste zufrieden und begeistert nach Hause schicken?

Selbst wenn Sie alle Gäste in ein 7-Sterne-Hotel am Persischen Golf schicken, werden immer noch einige beklagen, dass für deren Geschmack »zuviel Gold- und Silber-Deko« vorhanden wäre. Kein Hotel kann alle Gästeschichten, -altersgruppen und -ansprüche befriedigen!

*Ist das Glas Wasser nun halbvoll oder halbleer? Auch bei Hotelbewertungen kommt es auf die Sichtweise an.*

## Ab wann ist eine Hotelbewertung negativ?

Zunächst muss die Frage geklärt werden, ab wann eine Hotelbewertung überhaupt negativ ist. Viele Hotelbewertungen werden vom Hotelmanagement negativer empfunden, als vom Bewerter selbst. Schließlich schreibt der Gast keinen Liebesbrief. Neben dem »Worst Case«, der Generalkritik (alles war schlecht), gibt es viele Nuancen und Sonderformen negativer Bewertungen, auf die in der Folge auch ganz unterschiedlich reagiert werden muss.

So ergab eine Analyse von negativen Bewertungen bei TripAdvisor, dass ein Drittel der Bewertungen auch ein oder mehrere positive Aspekte beinhalteten. Viele Bewertungen enthielten positive, als auch negative Empfehlungen (»Das nächste Mal würde ich mit Meerblick buchen«). Bei 16 % der untersuchten Bewertungen wurde auf eine bereits vor Ort erfolgte Beschwerde referenziert[47].

Es empfiehlt sich somit, Hotelbewertungen auf negative Aspekte hin genau zu analysieren, bevor ein Hotelierkommentar formuliert wird.

## Auf negative Hotelbewertungen muss reagiert werden

Wie soll nun reagiert werden, wenn eine negative Hotelbewertung für Ihr Haus abgegeben wird? Oder genauer gesagt: Wenn eine Hotelbewertung negative Aspekte oder Kritik beinhaltet?

Nur ein Bruchteil der Hotelmanager reagiert auf negative Hotelbewertungen. Reagieren heißt, einen »Hotelierkommentar« (auch: »Management-Antwort«) zu schreiben. Die meisten Bewertungs- und Buchungsportale erlauben diese Form der Interaktion (vgl. dazu auch die Übersicht über Portale in Kapitel 2). Mit einem Hotelierkommentar hat das Hotelmanagement das letzte Wort. Bei keinem der großen Bewertungsportale ist es momentan möglich, dass ein Bewerter auf einen Hotelierkommentar nochmals einen eigenen Kommentar schreibt. Sie können also aktiv beeinflussen, ob Ihre Reaktion von potenziellen neuen Gästen als positiv empfunden wird. Rund 80 % der potenziellen Gäste geben an, dass ein Hotelierkommentar sie bei einer negativen Hotelbewertung »beruhigt«. Zwei Drittel sagen, dass sie sich bei der Wahl zwischen zwei Hotels für jenes Hotel entscheiden, welches Hotelierkommentare einsetzt[48].

*Die Arbeit mit dem Instrument »Hotelierkommentar« ist also buchungsentscheidend.*

Warum »beruhigt« ein Hotelierkommentar? Die Antwort darauf findet sich, wenn man nochmals die Beweggründe für das Lesen von Hotelbewertungen analysiert. Der Buchungsentscheidungsprozess ist gekennzeichnet von Unsicherheit und Risiko. Vertrauen spielt in dieser Phase eine besondere Rolle. Mit professionellen Hotelierkommentaren signalisiert ein Hotel Gäste- und Qualitätsorientierung. Es zeigt, dass dem Unternehmen die Meinung seiner Kunden nicht egal ist und Feedback zur laufenden Qualitätsverbesserung eingesetzt wird. Es wird beim potenziellen Gast mehr Vertrauen gewonnen.

Das Schreiben von Hotelierkommentaren bringt auch mehr neue und positive Hotelbewertungen. Eine ganze Menge sogar. Denn Hotels, die auf Bewertungen reagieren, haben im Durchschnitt 147 % mehr Bewertungsvolumen und eine bessere Durchschnittsbewertung als nicht reagierende Mitbewerber[49].

## Soll immer ein Hotelierkommentar geschrieben werden?

Wie dargestellt muss auf negative Bewertungen reagiert werden, weil dies direkte Auswirkungen auf das Buchungspotenzial hat. Doch bringt es dem Hotel Vorteile, auf alle – also auch auf positive – Hotelbewertungen einen Hotelierkommentar zu schreiben? Generell sollte man die begrenzten Zeit- und Personalressourcen darauf verwenden, auf Hotelbewertungen mit negativen Aspekten zu reagieren. Je wichtiger jedoch die Zielgruppe der Stammgäste im Betrieb ist, desto relevanter wird es, auch auf positive Bewertungen dieser Gäste einen Kommentar zu schreiben. Auch sollten Sie sich für Loblieder (»Das war der Urlaub meines Lebens«) mit einem Hotelierkommentar bedanken. Generell sehen wir jedoch nicht die Notwendigkeit, auf jede abgegebene Bewertung einen Kommentar schreiben zu müssen.

## *Wiederholungen und Übertreibungen vermeiden*

Wenn Sie auf alle Hotelbewertungen einen Hotelierkommentar schreiben möchten, so werden Sie sehr viel Zeit investieren müssen. Zudem besteht unweigerlich die Gefahr, sich zu wiederholen. Die häufigsten Dankes-Kommentare beinhalten nämlich folgende Themen:

- ★ Dank (»Danke für die tolle Bewertung!«)
- ★ Freude (»Wir freuen uns über das positive Feedback.«)
- ★ Verstärkungen (»Schön, dass es Ihnen so gut gefallen hat.«)
- ★ Aufforderung zur Aktion (»Wir freuen uns auf Ihren nächsten Besuch!«)

Da die meisten Hotelbewertungen positiv sind, müssen Sie entweder außergewöhnlich kreativ veranlagt sein oder Sie wiederholen sich unweigerlich. Gerade in der Wiederholung liegt aber das Problem: Ein an einem bestimmten Hotel interessierter Nutzer klickt mehrere einzelne Hotelbewertungen an, um sich ein Bild über das Hotel zu machen. So werden zum Beispiel bei HolidayCheck 16 Seitenimpressionen pro Websitebesuch gezählt[50]. Wiederholungen werden für potenzielle Gäste sofort sichtbar und geben dem Nutzer das Signal: »Hier wird immer gleich reagiert«. Dieses Signal kann wiederum als negativ empfunden werden.

Mehr noch: Manche Hotelmanager übertreiben es beim Versuch, Hotelierkommentare als Werbemöglichkeit zu nutzen. Beispiel: »Besuchen Sie uns doch auch im Winter, wenn die weiß verschneiten Hänge zum Skifahren und Schlittenfahren einladen«. Ein Hotelierkommentar ist immer auch eine Werbemöglichkeit für Ihre Leistungen – jedoch muss diese Chance mit dem notwendigen Fingerspitzengefühl wahrgenommen werden. Versuchen Sie, einen Dankes-Kommentar so persönlich wie möglich zu gestalten. Hier einige Formulierungsideen:

- ★ »Das Küchenteam mit Chefkoch Andreas war begeistert von Ihrem Lob!«
- ★ »Ich habe mich besonders über Ihr positives Feedback zu unserer neuen Martini-Bar gefreut.«
- ★ »Sie haben Recht: Die Aussicht von der Frühstücksterrasse ist wirklich atemberaubend.«
- ★ »Toll, dass Ihnen die Hot-Stone-Massage so gut gefallen hat. Probieren Sie doch beim nächsten Mal auch den Ayurveda-Stirnguss – mein persönlicher Favorit!«

### *Den persönlichen Abstand wahren*

Je mehr Sie sich mit Ihrem Betrieb verbunden fühlen, umso mehr schmerzt eine negative Bewertung auch emotional. Versuchen Sie, den für einen professionellen Umgang notwendigen Abstand zu wahren. Das kann bedeuten, zunächst die berühmte »eine Nacht darüber zu schlafen«, bevor ein Hotelierkommentar geschrieben wird. Unterstellen Sie dem Bewerter die positivsten Beweggründe. Vielleicht will er Ihrem Betrieb mit einigen »Verbesserungstipps« helfen? Eventuell ist dem Bewerter nur etwas über die Leber gelaufen, was er nun auf seinen Hotelaufenthalt projiziert? Möglicherweise sagt er aber einfach nur die Wahrheit, mit der Sie bisher nicht in dieser Deutlichkeit konfrontiert waren.

Manchmal hilft es auch, sich in buddhistischer Gelassenheit zu üben und froh zu sein, nicht jene offensichtlich negativ inspirierte Person sein zu müssen, die die Bewertung geschrieben hat.

### *Reagieren Sie schnell*

Wenn eine negative Hotelbewertung veröffentlicht wird, sollten Sie schnellstmöglich mit einem Hotelierkommentar reagieren. Die neue Hotelbewertung wird im Portal meist sehr prominent dargestellt. Hoteliers berichten, dass negative Bewertungen nach der Veröffentlichung teilweise dutzende Male pro Stunde angeklickt werden. Eine Reaktion innerhalb von 24 Stunden ist somit empfehlenswert.

### *Soll auf »alte« Bewertungen noch reagiert werden?*

Sofern die »alte« Bewertung für potenzielle Gäste sichtbar ist (z. B. auf den ersten Seiten eines Bewertungsportals), empfehlen wir, auch zu diesen Bewertungen noch einen Hotelierkommentar zu schreiben. Beachten Sie dabei, dass unter Umständen nicht nur die Bewertungsportale selbst, sondern auch Suchmaschinen diese alten Bewertungen in den Suchergebnissen zeigen werden.

### *Muss bei fremdsprachigen Bewertungen in derselben Sprache geantwortet werden?*

Wenn Sie eine internationale Gästeklientel bedienen, sind Sie mit mehrsprachigen Hotelbewertungen konfrontiert. Es empfiehlt sich, einen Hotelierkommentar in der Sprache der Bewertung zu verfassen. Einige Portale erlauben das Verfassen eines Hotelierkommentares übrigens nur in der gleichen Sprache wie die Bewertung, auf die geantwortet wird (z. B. TripAdvisor). Andere Portale sind nicht so streng. Hier kann ein deutsch- oder englischsprachiger Kommentar in vielen Fällen ausreichen.

## 8.2 Authentische und stilsichere Kommentare verfassen

### *Sie schreiben einen Hotelierkommentar nicht für den Bewerter!*

Wenn Sie eine negative Hotelbewertung erhalten, so ist dieser Gast für Ihren Betrieb vielleicht schon verloren. Ein oder mehrere Dinge sind schiefgelaufen oder der Gast hat nicht zu Ihrem Hotel gepasst. Klarerweise schreiben Sie den Hotelierkommentar jedoch nicht für den Bewerter, sondern für die potenziellen neuen Gäste, die sich für Ihren Betrieb interessieren. Das ist ein großer Unterschied.

> **Gut zu wissen**
>
> Online-Reputation Management unterscheidet sich wesentlich vom klassischen Reklamationsmanagement. Letzteres hat das Ziel, den sich beschwerenden Gast zufriedenzustellen. Schließlich ist er »Botschafter« für Ihren Betrieb. Diese Chance ist bei der Online-Hotelbewertung, die im Nachhinein erfolgt, bereits vergeben. Die negative Bewertung steht online und wird in der Regel dort auch für sehr lange Zeit sichtbar bleiben.

Dass viele Hotelmanager und -eigentümer diesen Unterschied noch nicht erkannt haben, beweist eine Vielzahl unprofessioneller Hotelierkommentare. Ein Bewerter bei HolidayCheck erhielt diesen »Hotelierkommentar«:

> Hallo Sie Arsch....
>
> entweder Sie ziehen die Hotelbewertung bei HolidayCheck sofort zurück, oder Sie müssen mit einer saftigen Klage rechnen und dies würden Sie dann sicherlich sehr, sehr bereuen !!!!!
> Viel Glück !!!!!!
>
> Das Team vom F[illegible]

Dieser »Super-Gau« eines Hotelierkommentars wurde natürlich nie veröffentlicht. Das Hotel schickte den Kommentar per Fax an den Bewerter. Neben Beschimpfungen kommen aber auch Bedrohungen vor. Und damit kann es für uneinsichtige Hoteliers auch aus juristischer Sicht unangenehm werden.

Unglaublich, aber wahr: Manche Hotelierkommentare sind nicht besser oder sogar schlimmer als die negativen Hotelbewertungen, die damit eigentlich entschärft werden sollen.

### *Der Schreibstil im Internet*

Im Durchschnitt werden nur etwa 20 % des Textes auf einer Website tatsächlich gelesen[51]. Wie werden Inhalte am Bildschirm also von Nutzern erfasst? Neben dem vollständigen Lesen als Ausnahmefall werden Bildschirm-Texte entweder »geskimmt« oder »gescannt«. Im weitesten Sinn beschreiben beide Begriffe Techniken, um in möglichst kurzer Zeit einen Text zu überfliegen, zu bewerten, nach relevanten Aussagen zu suchen und die wichtigsten Inhalte aufzunehmen.

Die Konsequenz daraus ist, dass im Internet der Schreibstil generell kürzer, informeller und einfacher gehalten werden soll. Konzentrieren Sie sich auf das Wesentliche und steigern Sie damit die Wahrscheinlichkeit, dass der Inhalt Ihres Textes von den meisten Nutzern in kurzer Zeit erfasst werden kann.

## +++ TIPPS

- ★ Verwenden Sie kurze, einfach Sätze.
- ★ Vermeiden Sie Nebensätze und Passivformen.
- ★ Konzentrieren Sie sich auf die Haupt-Kritikpunkte.
  und bringen Sie Ihre Aussage auf den Punkt.
- ★ Vermeiden Sie überschwengliche oder abgegriffene Formulierungen.
- ★ Achten Sie auf Rechtschreib- oder Tippfehler.
- ★ Vermeiden Sie G E S P E R R T G E S C H R I E B E N E Wörter. Das könnte als aggressiv wahrgenommen werden.
- ★ Verwenden Sie keine Standard-Kommentare oder immer gleiche Textbausteine.

+++

## Beispiel 1

*»Hallo Marianne,*

*danke, danke, danke!!!*
*Und nochmals danke.*

*Wir können es kaum erwarten, dich wieder bei uns zu haben und werden geduldig auf den Tag warten.*

*Sei ganz lieb gegrüßt und gedrückt*
*Die Hotelbande«*

## Beispiel 2

*»Sehr geehrter Markus,*

*zunächst möchten wir uns vielmals für Ihre so umfangreiche Bewertung unseres Hauses bedanken und freuen uns sehr, dass wir all Ihren Ansprüchen gerecht werden konnten. Gerade über Ihr großes Lob bezüglich des hervorragenden Services haben sich alle Mitarbeiter sehr gefreut und so bleibt uns einfach nur zu wünschen, Sie schon recht bald wieder bei uns im Hotel begrüßen zu dürfen.*

*Mit freundlichen Grüßen*
*Maximilian Mustermann*
*Direktor und Gastgeber«*

### *Der Stil muss zu Ihrem Hotel passen*

Welcher dieser beiden Originalkommentare passt besser zu Ihrem Hotel? Beide Schreibstile können richtig und sinnvoll sein – es kommt ganz auf Ihren Umgang mit Gästen an. Wenn Sie als Urlaubshotel Ihre Gäste duzen, sollte sich dieser Stil genauso online fortsetzen, wie wenn Sie als Businesshotel einen eher distanzierten Umgang pflegen.

Sowohl die Ansprache des Gastes, als auch der Absender müssen zum Stil passen: Ob Sie nun »Hallo Marianne« oder »Sehr geehrter Markus« schreiben – Ihre Kommunikation muss einheitlich sein.

## +++ TIPP

Auch wenn Sie wissen, um welche Person es sich bei »Markus« handelt: Vermeiden Sie eine direkte Ansprache (»Sehr geehrter Herr Müller«). Dies könnte datenschutzrechtliche Auswirkungen haben. Bei anonymen Nutzerbezeichnungen (»grinsekatze74«) verwenden Sie am besten eine allgemeine Formulierung wie »Sehr geehrter Gast,« oder Sie sprechen den Nutzer direkt mit »Liebe grinsekatze74,« an. Manchmal ist die Verwendung auch Ermessenssache und kann bei extremen Nutzernamen auch variieren.

+++

### *Perfekte Hotelierkommentare schreiben*

Bevor es mit vielen Praxis-Beispielen losgeht, hier einige generelle Tipps, wie Sie Hotelierkommentare inhaltlich gestalten sollten:

## +++ TIPPS

- ★ Vermeiden Sie Humor oder Ironie. Auch wenn Sie es in den Fingern juckt: Zu viele Nutzer würden Ihren Kommentar vermutlich missverstehen.
- ★ Werden Sie nicht dramatisch. Formulierungen wie: »Ich bin persönlich sehr betroffen von Ihrem Vorwurf,« lassen die professionelle Distanz missen und wollen dem Bewerter ein schlechtes Gewissen machen.
- ★ Adressieren Sie den Gast persönlich, werden Sie aber nicht persönlich.
- ★ Achten Sie auf die »Ichwiritis«: Anstelle von »Wir und unser Team bedanken uns für das tolle Feedback« können Sie auch schreiben: »Das gesamte Team freut sich über Ihr tolles Lob«.
- ★ Vermeiden Sie abgehobene Formulierungen wie zum Beispiel: »Wir hätten auf eine differenzierte Kritik Wert gelegt«.
- ★ Argumentieren Sie nicht verteidigend und vermeiden Sie Referenzierungen auf andere Hotelbewertungen (»In vielen anderen Bewertungen wurde unsere Küche ausdrücklich positiv erwähnt«).
- ★ Rechtfertigen Sie Kritik nicht mit Ihrem Hotelkonzept à la »Wir sind stolz auf unser familienfreundliches Konzept« oder »Die puristische Zimmergestaltung ist beabsichtigt«.
- ★ Vermeiden Sie standardisiertes Marketing-Bla-Bla (»Wir würden uns sehr freuen, auch bei Ihrem nächsten Besuch wieder Ihre Gastgeber sein zu dürfen«).
- ★ Versuchen Sie, Ihre Aussagen positiv zu formulieren. Anstelle von: »Schade, dass Sie mit unseren Leistungen unzufrieden waren.« können Sie auch schreiben: »Danke für Ihre Anregungen, wie wir in Zukunft noch besser werden können«.
- ★ Bieten Sie keine Rabatte, Wiedergutmachungen oder ähnliches an: Dies könnte andere Nutzer zu Bewertungen »motivieren« und verstößt gegen die Vorschriften einiger Bewertungsportale.

+++

### *Positiv besetzte Wörter verwenden*

Ihr Kommentar sollte stets von einem positiven Grundton getragen werden. Neben stilistischen Gründen spricht vor allem die Findbarkeit in Suchmaschinen für eine solche Strategie. Auch Hotelierkommentare werden von Google & Co. erfasst. Und welches Hotel möchte in Verbindung mit negativen Wörtern ganz oben in den Suchergebnissen erscheinen?

---

## Beispiele

**Negativ besetzte Wörter**
exklusive, kostenpflichtig, ohne
unzufrieden, enttäuscht
unglücklicherweise, leider
Kritik, Problem
»schade, dass...«

**Positive besetzte Wörter**
inklusive, kostenlos, mit
zufrieden, begeistert
selbstverständlich, gerne
Feedback, Anregung, Qualität
»seien Sie versichert, dass...«

---

### *Erstellen Sie eine Guideline*

Um einheitlich auf Bewertungen zu reagieren, bewährt sich die Erstellung einer Guideline. Diese beinhaltet grundlegende Vorgaben und Formulierungsbeispiele.

### Mögliche Inhalte Ihrer Guideline

- ★ Wer reagiert?
- ★ Wie rasch muss ein Hotelierkommentar erfolgen?
- ★ Wie wird der Bewerter angesprochen (»Du« oder »Sie«, Begrüßungsformel)?
- ★ Wie wird der Absender gestaltet (»Das Hotelteam« vs. »Maximilian von der Rezeption«)?
- ★ Mit wem muss der Inhalt des Hotelierkommentars vor Veröffentlichung abgestimmt werden?
- ★ Welche Bezeichnungen für die Hotel-Leistungen werden verwendet (z. B. »Wellnessbereich« vs. »Spa«, »Team« vs. »Personal«, etc.)?
- ★ Wie wird berechtigte Kritik intern weitergeleitet und bearbeitet?
- ★ Welche Formulierungen sollen verwendet werden? Für häufige Fälle können Textvorschläge erarbeitet werden. Aber Achtung: Sie sollten zwar einige grundlegende Formulierungen griffbereit haben, jedoch immer individuell auf Bewertungen reagieren.

Eine Guideline hilft auch, erworbenes Know-how zu bewahren – zum Beispiel, wenn der für Online-Reputation zuständige Mitarbeiter das Unternehmen verlässt.

### *Inhaltlicher Aufbau eines Hotelierkommentars*

Jede Hotelbewertung ist anders. Deshalb kann auch nie in gleicher Art und Weise reagiert werden. Dennoch gibt es einen »idealtypischen« Aufbau eines Hotelierkommentars, der für viele Fälle anwendbar ist.

- ★ Danken Sie dem Schreiber für die Bewertung und den dafür notwendigen Zeitaufwand.
- ★ Versichern Sie dem Schreiber, dass Sie ihn verstehen und seine Gefühle ernst nehmen – reagieren Sie »empathisch«.
- ★ Entschuldigen Sie sich ehrlich, wenn die geschilderten negativen Aspekte der Wahrheit entsprechen (ohne verteidigend oder rechtfertigend zu argumentieren).
- ★ Bieten Sie eine einfache, kurze Erklärung, warum die kritisierten Aspekte bestehen oder bestanden (sofern möglich).
- ★ Versichern Sie dem Schreiber (und damit allen Lesern der Bewertung), dass alle Schritte unternommen werden, um das Problem zu beheben oder, dass das Problem bereits behoben wurde.
- ★ Bieten Sie eventuell einen direkten Kontakt an, um die Situation zu klären (z. B. E-Mail-Adresse, Telefonnummer).
- ★ Schließen Sie Ihren Kommentar ab, indem Sie einen der konstruktiven/positiven Aspekte der Bewertung thematisieren oder sich auf den nächsten Aufenthalt des Gastes freuen – damit Ihr Kommentar positiv endet.

---

## Beispiel

Ein Nutzer schreibt eine durchwachsene Bewertung und kritisiert unter anderem:
*»(...) An den Fugen beim Waschbecken war Schimmel – geht gar nicht!«*

Ihr Hotelierkommentar könnte vielleicht so aussehen:

*»Sehr geehrter Hartmut,*
*danke, dass Sie sich die Zeit für ein Feedback genommen haben. Ihre Hinweise sind sehr wichtig, damit wir unsere Leistungen ständig verbessern können. Es tut mir leid, dass Sie mit Schimmelspuren am Waschbecken konfrontiert waren. Ich habe umgehend einen Austausch veranlasst. Das gesamte Hotelteam und ich freuen uns auf Ihren nächsten Aufenthalt!*

*Herzlichst, Maximilian Mustermann*
*Guest Relation Manager«*

---

Im Englischen gibt es das Sprichwort »it's no use crying over spilled milk« – Was passiert ist, ist passiert. Ausführliche Erklärungen und Hintergrundinformationen sind für potenzielle Gäste uninteressant. Was zählt, ist die Gewissheit, dass zu Recht kritisierte Aspekte in Ihrem Betrieb ernst genommen und korrigiert werden. Versetzen Sie sich in die Situation des Bewerters. Wir alle sind dann und wann Gäste. Wir wissen, dass Fehler passieren können. Trotzdem ist man selbst ungern davon betroffen.

### *Wie reagiert man bei »Generalkritik«?*

Generalkritik ist, wenn der Bewerter nahezu alle Aspekte Ihres Betriebes negativ beschreibt. Dies erfolgt oftmals sehr unspezifisch oder anhand vieler Detail-Beispiele (»Nur drei Sorten Brot zum Frühstück!«).

Bei Generalkritik können Sie auch nur sehr generell reagieren. Versichern Sie dem Bewerter, dass Sie seine Unzufriedenheit ernst nehmen und seine Hinweise für die ständige Qualitätsverbesserung verwenden. Gehen Sie nicht auf Detailaspekte ein und vermeiden Sie Rechtfertigungen (»Wir bieten jeden Tag mindestens vier Brotsorten an«). Schlagen Sie eventuell einen direkten Kontakt vor, um »es in Zukunft besser machen« zu können.

### *Und wenn eine Hotelbewertung »jenseits von Gut und Böse« ist?*

Es kann passieren, dass Sie eines Tages mit einer Hotelbewertung konfrontiert werden, die sich außerhalb der Grenzen des guten Geschmacks bewegt. In der vielleicht Dinge kritisiert werden, die noch nie kritisiert wurden. In diesen Extremfällen hat sich die Strategie bewährt, als Hotel auch einmal gar nicht zu reagieren. Schließlich kann sich jeder Leser der Hotelbewertung ein eigenes Bild vom Bewerter und dessen Kritikpunkten machen. Bisweilen ist Schweigen dann die beste Lösung.

## Beispiele für Hotelierkommentare



Sie finden nachfolgend Beispiele für kritisierte Aspekte sowie mögliche Hotelierkommentare. Es handelt sich um idealtypische Formulierungen, die Sie in Ihrer Arbeit mit Bewertungen als Leitfaden verwenden können. Eine direkte und nicht auf die Situation abgestimmte Verwendung ist jedoch nicht empfehlenswert.

Auch wenn allen anderen Gästen die Zimmereinrichtung gut gefällt, sollte nicht damit argumentiert werden. Indirekt würde damit gesagt, dass der Gast einen abweichenden Geschmack hätte und die Schuld bei sich selbst suchen müsse. Besser kann man auf solcherlei Kritik reagieren, wenn man sich für die nicht erfüllten Erwartungen entschuldigt. Vielleicht wurde die Zimmereinrichtung unvollständig oder von der Realität abweichend im Marketing dargestellt? Wenn geschmackliche Fragen immer wieder in Ihren Hotelbewertungen diskutiert werden, sollten Sie Ihre Marketingbemühungen und Zielgruppenausrichtung genau überprüfen.

### Beispiel: Geschmackssache

***»Die Zimmereinrichtung hat uns überhaupt nicht gefallen.«***

**Schlecht formulierter Hotelierkommentar:**

*«Schade, dass es Ihnen nicht gefallen hat. Unsere anderen Gäste sind mit unserer Zimmereinrichtung immer sehr zufrieden.«*

**Besser formulierter Hotelierkommentar:**

*»Danke für Ihr Feedback und dass Sie sich Zeit genommen haben, Ihre Eindrücke zu schildern. Wir möchten uns dafür entschuldigen, Ihren Erwartungen bei der Zimmereinrichtung nicht entsprochen zu haben.«.*

Natürlich kann das Hotel nichts für den Verkehrslärm der Umgebung. Aber das sollte man so nicht schreiben. Auch beliebt: die Diskussion, warum sich der Gast nicht schon vor Ort gemeldet hat. Da die Hotelbewertung im Nachhinein erfolgt, hat es wenig Sinn, solche Versäumnisse zu thematisieren. Schließlich geht es darum, potenzielle neue Gäste mit dem Hotelierkommentar anzusprechen. Und das geht nur, wenn die Situation transparent erklärt wird.

Unabänderliche Tatsachen wie Nachbarschaft, Lage, Infrastrukturprobleme und ähnliches können auf die Dauer nicht über Hotelierkommentare wegdiskutiert

### Beispiel: Situation nicht änderbar

***»Der Verkehrslärm war nervig.«***

**Schlecht formulierter Hotelierkommentar:**

*»Leider haben wir keinen Einfluss auf den Verkehrslärm. Hätten Sie nach einem ruhigen Zimmer gefragt, hätten wir gerne Ihrem Wunsch entsprochen.«*

**Besser formulierter Hotelierkommentar:**

*»Wir möchten uns für die Lärmbelästigung entschuldigen. Unsere zentrale Lage bringt es mit sich, dass speziell an Wochenenden eine akustische Beeinträchtigung auftreten kann. Bitte informieren Sie uns rechtzeitig vor Ihrem nächsten Aufenthalt, damit wir Ihnen eines unserer ruhigen, nach Osten ausgerichteten Zimmer reservieren können.«*

werden. Es empfiehlt sich, klar und verständlich die Situation zu beschreiben. Vielleicht können Sie vermelden, dass bereits an einer Verbesserung gearbeitet wird? Auf jeden Fall bringen Sie mit einer transparenten Darstellung die Erwartungen neuer Gäste auf ein realistisches Niveau.

Im Beispiel wurde zudem eine Technik angewendet, die Sie sparsam und überlegt einsetzen können: Upselling. Dem Gast wird für seinen nächsten Aufenthalt ein ruhiges Zimmer empfohlen. Klarerweise wird diese Empfehlung eigentlich den interessierten potenziellen Kunden gegeben. Gut, dass die nach Osten ausgerichteten Zimmer etwas teurer sind.

Ein besonders schwieriges Beispiel wurde in einem unserer Seminare in Zürich diskutiert: Ein 4-Sterne-Hotel im Bahnhofsviertel wurde dafür kritisiert, in der Nähe des Zürcher »Straßenstrichs« beheimatet zu sein:

---

## Beispiel

*»(...) But there's nothing more disheartening than navigating past the droves of prostitutes at night to get to our room, or wading through the flotsam of spent condoms on the way to breakfast in the main hotel. I have nothing against the profession, but the prevalence of the ladies and their debris paints an otherwise satisfactory hotel experience in a REALLY bad light.«*

(Quelle: TripAdvisor)

**Übersetzt:**

*»(...) Aber es gibt nichts entmutigenderes, als in der Nacht durch Scharen von Prostituierten navigieren zu müssen, um ins Zimmer zu kommen – oder für das Frühstück im Haupthaus durch einen Berg gebrauchter Kondome zu waten. Ich habe nichts gegen diesen Beruf, aber die Dominanz jener Damen und ihrer Abfälle rückt einen ansonsten positiven Hotelaufenthalt in ein wirklich schlechtes Licht.«*

---

Wie kann auf eine solche »unabänderliche Tatsache« richtig reagiert werden? Nach kurzer Diskussion mit dem Hotelmanager stand fest: Es bestehen in diesem Bereich tatsächlich Probleme. Folglich gibt es nur eine Strategie, nämlich Transparenz. So könnte im Hotelierkommentar ausgeführt werden, dass in der Schweiz Prostitution legalisiert und kontrolliert ist. Auch könnte darauf hingewiesen werden, dass bisher keinerlei Gefährdung für Gäste aufgetreten ist und man sich intensiv um ein Höchstmaß an Sauberkeit bemühen wird.

In einem Hotelierkommentar sollte niemals mit dem Preis argumentiert werden. Nicht der Preis, sondern das Preis-Leistungs-Verhältnis muss stimmen. Jedoch kann – sofern zur Situation passend – auf das allgemeine Preisniveau (z. B. in einer Region, in bestimmten Saisonzeiten, in einer bestimmten Sterneklassifizierung) referenziert werden. Vermeiden Sie unbedingt Formulierungen, die direkt oder indirekt den Bewerter der Unwahrheit bezichtigen (»Unser Haus hat keine zu hohen Preise.«). Auch Preise unterliegen, wie so viele Faktoren, der subjektiven Wahrnehmung.

Bleiben Sie in Ihrem Kommentar stets höflich und argumentieren Sie niemals »oberlehrerhaft«. Imperative, also auffordernde Formulierungen, sollten Sie generell vermeiden (»Wenn Sie die Preise vergleichen würden….«).

## Beispiel: Das Preisproblem

***»Die Preise in diesem Hotel sind absolut überzogen!«***

**Schlecht formulierter Hotelierkommentar:**

*»Unser Haus hat keine zu hohen Preise. Wenn Sie die Preise mit anderen Hotels vergleichen würden, würden Sie sehen, dass wir sogar relativ günstig sind.«*

**Besser formulierter Hotelierkommentar:**

*»Unsere Preisgestaltung orientiert sich an vergleichbaren Betrieben in der Region. Wir achten sehr auf ein gutes Preis-Leistungs-Verhältnis. Falls wir Ihre Erwartungen in dieser Hinsicht nicht erfüllt haben, möchten wir uns dafür entschuldigen.«*

Auch das kommt vor: Ein Gast beschwert sich bei Ihnen. Im Sinne eines guten Reklamationsmanagements tun Sie Ihr Möglichstes, um den Gast zufriedenzustellen. Als Dankeschön beschreibt er den aufgetretenen Fehler nochmals ausführlich in Form einer Hotelbewertung. Argumentieren Sie niemals mit Kompensationen (»kostenloses Abendessen«) oder stellen Sie solche in Aussicht. Die Folge wäre mit einiger Wahrscheinlichkeit eine Flut an Gästen, die auch gerne ein kostenloses Abendessen hätten.

Beim Beispiel wird noch ein weiterer Kniff angewandt: Das Anbieten eines direkten Kontaktes »zur weiteren Klärung«. Nur selten wird ein Bewerter Sie tatsächlich nochmals kontaktieren. Vielmehr dient

## Beispiel:
## Jemand hat sich bereits vor Ort beschwert

***»Bei Anreise mussten wir bis 20 Uhr warten, bis wir auf das Zimmer durften. Eine Katastrophe!«***

**Schlecht formulierter Hotelierkommentar:**

*»Sie haben sich ja schon vor Ort bei uns beschwert und wir haben Ihnen ein kostenloses Abendessen bezahlt. Offensichtlich geht es Ihnen nur darum, weitere Vorteile herauszuschlagen.«*

**Besser formulierter Hotelierkommentar:**

*»Ich hatte den Eindruck, Ihre Beschwerde zur beiderseitigen Zufriedenheit bereits vor Ort bearbeitet zu haben. Es tut mir leid, wenn dies nicht der Fall war. Ich würde mich über Ihren Anruf unter der Telefonnummer +99(0)54/5800-505 freuen, um die Angelegenheit persönlich mit Ihnen zu klären.«*

diese Technik dazu, den Lesern Ihres Kommentars einen Hinweis auf Ihre hohe Professionalität und Gästeorientierung zu geben. Ein Nebeneffekt könnte zudem sein, dass potenzielle Gäste bei Unklarheiten und Fragen (die sich beispielsweise aus der Hotelbewertung ergeben) einen direkten Kontakt erhalten.

Beachten Sie bei der Angabe von Kontaktdaten die Richtlinien des Bewertungsportales. Manche Portale schließen die Verwendung von E-Mail-Adressen oder Telefonnummern in Hotelierkommentaren aus.

## Beispiel: Unwahrheit

***»Das komplette Gebäude stank nach Zigarettenrauch!«***

**Schlecht formulierter Hotelierkommentar:**
*»Wir sind ein NICHTRAUCHERHOTEL! Ihre Kritik ist völlig aus der Luft gegriffen!«*

**Besser formulierter Hotelierkommentar:**
*»Wir nehmen Ihren Hinweis sehr ernst. Die beschriebene Beeinträchtigung durch Zigarettenrauch ist uns unerklärlich, da wir ein Nichtraucherhotel sind. Bitte kontaktieren Sie uns, damit wir diesen Fall direkt prüfen können.«*

Neben den in Kapitel 5 ab Seite 50 (Rechtliche Rahmenbedingungen) beschriebenen Maßnahmen sollten Sie bei unwahren Behauptungen einen respektvollen und höflichen Kommentar schreiben. Erklären Sie, dass Sie den beschriebenen Aspekt nicht nachvollziehen können und dies nicht dem Standard Ihres Hauses entspricht. Vielleicht weisen Sie auch darauf hin, dass ein Missverständnis vorliegen könnte. Bieten Sie einen direkten Kontakt an, um alle Unklarheiten aus dem Weg zu räumen. Bezichtigen Sie den Gast niemals der Unehrlichkeit oder der Übertreibung.

## Beispiel: Personal wird angegriffen

***»Die Kellner waren extrem langsam und unfreundlich, allen voran Daniel.«***

**Schlecht formulierter Hotelierkommentar:**
*»Ihre Kritik am Serviceteam ist für uns nicht nachvollziehbar. In anderen Hotelbewertungen werden unsere Kellner und insbesondere Daniel nie kritisiert.«*

**Besser formulierter Hotelierkommentar:**
*»Danke, dass Sie so ehrlich Ihre Wahrnehmungen geschildert haben. Wir arbeiten ständig an höchster Servicequalität. Ich war überrascht über Ihren Kommentar zu Daniel, den ich als einen der besten Servicemitarbeiter empfinde.«*

Kritik am Team tut besonders weh. Doch wie so vieles wird auch die Freundlichkeit des Personals subjektiv wahrgenommen und hat viel mit persönlichen Erwartungen zu tun. Umso wichtiger ist es, mit professioneller Distanz zu reagieren.

Im schlecht formulierten Kommentar wird der persönliche Eindruck des Gastes schlichtweg abgestritten (»nicht nachvollziehbar«). Auch wird auf andere Hotelbewertungen verwiesen. Nur weil viele Gäste das Serviceteam nicht negativ erwähnen, heißt das jedoch noch lange nicht, dass alle Gäste den Service als positiv empfinden.

Im besser formulierten Hotelierkommentar wird dem Bewerter für sein Feedback gedankt. Generell ist der Kommentar in einem positiven Ton gehalten (»höchste Servicequalität«, »beste Servicemitarbeiter«). Allen Lesern der Bewertung und des Kommentares wird versichert, dass ständig in Qualität investiert wird. Gleichzeitig wird Daniel in Schutz genommen. Durch das Einbringen der persönlichen Meinung des Kommentarverfassers wird ein Statement zur geäußerten Kritik gegeben, ohne die Einschätzung des Gastes herabzuwürdigen.

Oft nehmen Gäste einen Hotel- oder Urlaubsaufenthalt als eine zusammenhängende Leistung wahr, selbst wenn die Einzelleistungen von eigenständigen Unternehmen erbracht werden. So ergibt sich häufig die Situation, dass Aspekte bewertet werden, auf die das bewertete Hotel keinerlei Einfluss hat (zum Beispiel Freizeiteinrichtungen oder Restaurantbesuche).

Im schlecht formulierten Hotelierkommentar wird negativ argumentiert (»gehört nicht zu unserem Hotel«). Zudem wird keinerlei Verbesserung in Aussicht gestellt.

## Beispiel: Drittanbieter wird bewertet

***»Das einzig Negative an unserem Hotelaufenthalt war das Essen im japanischen Restaurant – eine Katastrophe!«***

**Schlecht formulierter Hotelierkommentar:**
*»Wir möchten Sie darauf hinweisen, dass das japanische Restaurant nicht zu unserem Hotel gehört.«*

**Besser formulierter Hotelierkommentar:**
*»Vielen Dank für Ihre positive Bewertung unseres Hauses. Das Feedback zum Restaurant Yamamoto haben wir an dessen Geschäftsführer weitergeleitet. Unser Ziel ist höchste Qualität – auch bei allen unseren Partnerbetrieben.«*

In der besser formulierten Variante wird die geäußerte Kritik ernst genommen. Eine konkrete Aktion wird ausgelöst (Feedback an den Restaurant-Geschäftsführer). Gleichzeitig wird signalisiert, dass die Verantwortung des Hotels nicht vor der eigenen Haustür endet. Häuft sich Kritik für einen Ihrer Partnerbetriebe, so sollten Sie die Zusammenarbeit kritisch hinterfragen. Zudem kann es hilfreich sein, die Gäste bei der Aufforderung zu einer Bewertung gleich auf die Eigenständigkeit des Partnerbetriebes hinzuweisen (»Wie hat Ihnen die Therme gefallen? Hier können Sie ein Feedback abgeben.«).

## Beispiel: Klassifizierung wird bezweifelt

***»Dieses Hotel hat niemals 5-Sterne-Standard.«***

**Schlecht formulierter Hotelierkommentar:**
*»Wir wurden offiziell als 5-Sterne-Hotel klassifiziert. Unsere Gäste sind mit unserem Standard immer sehr zufrieden.«*

**Besser formulierter Hotelierkommentar:**
*»Unserem gesamten Team ist es extrem wichtig, jedem Gast ein perfektes Urlaubserlebnis zu bieten. Dass wir dies bei Ihnen nicht geschafft haben, tut uns leid. Gerne nehmen wir Ihre Verbesserungsvorschläge auf, um auch in Zukunft eine herausragende Qualität zu bieten.«*

Welcher Touristiker kennt das nicht: Gäste betätigen sich als Hotelklassifizierer, nehmen eigene Wertungen vor und begründen dies mit der eigenen Erfahrung. Natürlich kann es starke Qualitätsunterschiede geben, beispielsweise durch unterschiedliche Klassifizierungssysteme in verschiedenen Ländern. Aber auch innerhalb eines Landes und innerhalb eines Klassifizierungsstandards sind teilweise enorme Schwankungen zu beobachten. Im Rahmen von Hotelbewertungen kann auf solcherlei Kritik nur schwer mit Argumenten in Zusammenhang mit der Klassifizierung selbst reagiert werden. Besser ist es, wie im oben genannten Beispiel, allgemein auf die Wichtigkeit der Gästezufriedenheit oder das Preis-Leistungs-Verhältnis hinzuweisen.

## Beispiel: Sauberkeit

***»Das Zimmer war dreckig und roch muffig.«***

**Schlecht formulierter Hotelierkommentar:**
*»Ich bin schockiert von Ihrer Schilderung und habe den Vorfall sofort untersuchen lassen. Unsere Rezeptionsdame hat Sie falsch eingecheckt, weil ein Softwarefehler vorlag. Bitte um Entschuldigung!«*

**Besser formulierter Hotelierkommentar:**
*»Wir legen höchste Priorität darauf, dass alle Hotelbereiche immer makellos sauber sind. Ich habe mit unserem Team Ihren Fall besprochen und Sie wurden versehentlich in ein falsches Zimmer eingecheckt. Für diesen Irrtum und die damit entstandenen Unannehmlichkeiten möchten wir uns bei Ihnen entschuldigen.«*

Fehler passieren. Wenn diese Fehler dann in einer Hotelbewertung nachzulesen sind, sollten übertriebene Entschuldigungen oder genaue Schilderungen der Hintergründe und Verantwortlichkeiten vermieden werden. Betonen Sie, dass Sie in Ihrem Haus auf Sauberkeit höchsten Wert legen und bieten Sie eine einfache und unkomplizierte Begründung für den Fehler.

Bei Hotels in Mittelstreckenzielen kommt es zuweilen vor, dass Gäste andere Gäste in Hotelbewertungen thematisieren oder – wie im nebenstehenden Beispiel – gleich ganze Gästegruppen kritisieren. Auch bei solcher Kritik hilft nur, transparent und höflich die Situation zu erklären.

Übrigens: Kein Volk ist vor dieser Art der Kritik gefeit – wie das untenstehende Beispiel zeigt.

## Beispiel: Andere Länder, andere Sitten

***»Im Hotel wimmelte es vor Russen, die kein Benehmen hatten.«***

**Schlecht formulierter Hotelierkommentar:**
*»Ich finde Ihre Vorwürfe rassistisch und verurteilend.«*

**Besser formulierter Hotelierkommentar:**
*»Wir möchten uns aufrichtig dafür entschuldigen, dass der Urlaub bei uns nicht Ihren Erwartungen entsprochen hat. Unsere internationalen Gäste im April und Mai stammen typischerweise zu 75 % aus der EU, zu 15 % aus Russland und der Ukraine sowie zu 10 % aus anderen Ländern. Wir nehmen Ihre Anregungen zum Anlass, unsere Gäste verstärkt um Rücksicht auf andere Gäste zu bitten.«*

03
Sunderland, United Kingdom

Reviewer
3 reviews
Reviews in 52 cities
4 helpful votes

"too many germans!!!!!"
Reviewed 25 January 2011
1 person found this review helpful

lovely hotel, good location, food nice if you can beat the germans to it. bit of a bank but not too bad if you dont have too much to drink. we had promo studio which was clean and served its purpose, however no sunlight what so ever even the spacious balcony was in the shade. staff all helpful, room cleaned and fresh towels 5 days out of 7. only real downfall is the amount of unfriendly, ignorant germans staying there, sadly this will without a doubt hinder my decision to stay there again. real shame because it really is a lovely base for any holiday.

*Hotelbewertung bei TripAdvisor: »Zu viele Deutsche!!!!«*

## 8.4 Reaktion bei Stammgästen

Können Sie bei einer Hotelbewertung einen Stammgast identifizieren, sollten Sie einen Hotelierkommentar auf diese Bewertung schreiben. Bedanken Sie sich für die (gute) Bewertung und erwähnen Sie, dass Sie sich auf den nächsten Aufenthalt des Gastes freuen.

Manche Hotels bedanken sich bei wiederkehrenden Gästen für abgegebene Hotelbewertungen direkt mit einem kleinen Geschenk – wie zum Beispiel einem Gutschein für den nächsten Aufenthalt oder einem Rabatt für die nächste Buchung. Oder sie verblüffen den Gast beim nächsten Check-In mit einer Aufmerksamkeit als Dank für die positive Bewertung. Solche Incentives sollten jedoch nicht im Hotelierkommentar erwähnt, sondern separat übermittelt werden.

---

### Beispiel:

Ein erfolgreiches Wellnesshotel in Salzburg arbeitet sehr aktiv mit Hotelbewertungen. Alle in Bewertungen kritisierten Aspekte werden mit den Verantwortlichen der betroffenen Abteilung diskutiert und Lösungsvorschläge erarbeitet. Anschließend erhält der Bewerter ein Schreiben nach Hause, zusammen mit einer Flasche Wein. Das Schreiben wird vom Abteilungsverantwortlichen und Hoteleigentümer gemeinsam verfasst.

---

### *Wie man Stammgäste begeistert*

Einige Hotels schaffen es, selbst Stammgäste noch zu überraschen. Sie ordnen Bewertungen ihrer Gästekartei zu und analysieren diese systematisch auf positive und negative Aspekte. Die Ergebnisse werden in einer Datenbank hinterlegt. Beim nächsten Aufenthalt wird auf die Gästepräferenzen besonders Acht gegeben. Eine aufwendige Angelegenheit, zumal in vielen Bewertungsportalen der tatsächliche Name eines Gastes nicht ersichtlich ist und Bewertungen erst mühsam manuell abgeglichen werden müssen.

# Übungen



Richtig auf Online-Kritik zu reagieren muss geübt werden. Mit der Zeit entwickelt sich eine gewisse Routine, um Hotelierkommentare professionell zu verfassen.

Fürs Trockentraining haben wir nachfolgend fünf knifflige Beispiele aus der Praxis zusammengestellt. Es handelt sich um Ausschnitte aus echten Bewertungen, die in Bewertungsportalen abgegeben worden sind. Versetzen Sie sich jeweils in die Situation der für Gästefeedback zuständigen Person in diesem Betrieb. Wie würde Ihr Hotelierkommentar aussehen? Nehmen Sie sich ein paar Minuten Zeit und versuchen Sie, einen Hotelierkommentar zu formulieren. Im Anschluss erhalten Sie Lösungsideen inklusive Erläuterungen. Wohlgemerkt: Es gibt nie nur eine ideale Lösung. Jeder Hotelierkommentar ist individuell und muss zum Betrieb und seinen Gästen passen.

## Beispiel 1: Ein Familienhotel (3 Sterne) in Bayern

*Wir sind enttäuscht*

*Wir (Familie m. zwei Kindern) hatten einen 3-tägigen Aufenthalt in diesem Hotel. Leider sind wir total enttäuscht. Das Galeriezimmer war nicht nach unserem Geschmack. Unsere ältere Tochter (11 Jahre alt) konnte auf der Ausziehcouch überhaupt nicht übernachten, da diese viel zu kurz war. Der Kühlschrank brummt die ganze Nacht und viel frische Luft hat man auch nicht bekommen. Der Speisesaal eine Katastrophe….. eine Lautstärke wie auf einem Bahnhof. Eine mehrfache Unterteilung des Raumes würde vielleicht eine Abhilfe schaffen. Ansonsten war alles andere o.k.*

*(Bewertung: 2.6/6 bei HolidayCheck)*

---

## Beispiel 2: Ein 5*-Wellnesshotel in Österreich

*Kurztrip in die Alpen*

*Sehr guter Service, Personal durchweg sehr freundlich und zuvorkommend.*
*Essen ebenfalls sehr gut. Schöner Wellnessbereich (Anwendungen? haben keine wahrgenommen). Einziger Minuspunkt: deutlich überteuerte Getränkepreise!!! (z. B. 6,60 Euro für 0,75 l Wasser, welches tagsüber sowohl in der Minibar als auch z. B. im Fitnessraum kostenlos zur*

*Verfügung steht, 0,1 l Wein so ab 5-6 Euro). Dies muss nicht sein, darüber waren eigentlich alle Gäste verärgert (z. B. 5 Euro für Wasser wäre genug)*

*(Bewertung: 5.6/6 bei HolidayCheck)*

---

## Beispiel 3: Ein 4*-Designhotel in Berlin

*Architektonische Fehlplanung*

*Dieses Hotel macht es dem Gast nicht leicht. Die erste Schwierigkeit ist es, überhaupt den Eingang zu finden. Die nach Zwischenlösung aussehende, über und über mit Graffitis übersäte Spanplatten (?) Tür, ist nicht als solche zu erkennen. (...) Das Personal ist ausnehmend freundlich und sehr professionell. Der Lobby/Bar Bereich ist recht hübsch, wenn auch eher kühl und von den wuchtigen, übergroßen Möbeln etwas erdrückt. (...) Im Zimmer angekommen offenbart sich aber das eigentliche Dilemma des neu erbauten Hotels. Durch eine mit normalem Menschenverstand nicht nachvollziehbare Fehlplanung, ja sogar schon eine Art Schildbürgerstreich wurde das Hotel mit bodentiefen, nach innen öffnenden Fenstern versehen, aber ohne jegliche Brüstung oder sonstigen Gäste-Heraus-Fall-Schutz. So dass sich das Berliner Bauamt gezwungen gesehen hat, das Hotel zu nachträglich angebrachten, schweren, eisernen Fenstersperren zu verdonnern, die das Öffnen der Fenster komplett verhindern. Das ganze verschafft den Zimmern nicht nur eine klaustrophobische Gefängniszellen-Aura, sondern überfordert auch die Klimaanlage bzw. Lüftung, die dafür anscheinend nicht vorgesehen war. Mein Fazit, die Hotel-Betreiber können einem Leid tun und sie täten gut daran, den Architekten dieses Schlamassels zu verklagen. Denn so ein Hotel haben weder die Gäste noch das wirklich nette Personal verdient. Und Berlin hat genug attraktive Alternativen zu bieten.*

*(Bewertung: 2/5 bei TripAdvisor)*

---

## Beispiel 4: Ein 4*-Skihotel im Berner Oberland

*Als wir ankamen, wurden wir sehr enttäuscht, vor allem die Kinder: Wir waren im 2. Stock, die Kinder im -2. Stock . Bei der Buchung wurde uns versprochen, dass die Zimmer nebeneinander liegen sollten. Schade!! Alles andere war gut, vor allem wegen dem herrlichen Wetter!*

*(Bewertung: 6/10 bei Zoover)*

---

## *Beispiel 5: Ein Restaurant in Graubünden*

*Lebensmittelvergiftung*

*(...) Mein Partner hatte Pizza und ich habe die Nudeln mit Lachs-Wodka Sauce bestellt. Die Nudeln kamen mir von Anfang an komisch vor, da sie sehr stark nach Fisch gerochen haben. Geschmeckt hat es aber okay, die Pizza war sehr gut. 2 Stunden später dann die Gewissheit: mit dem Lachs war wirklich etwas gar nicht gut. Diagnose: Fischvergiftung. Was uns besonders ärgert ist, dass mein Partner am nächsten Tag bei der Pizzeria vorbei gegangen ist, um sie darauf aufmerksam zu machen. Absolut keine Einsicht kam ihm entgegen, dies sei noch nie vorgekommen und das könne gar nicht sein. Wäre man uns etwas entgegengekommen, wäre bei der ganzen Sache sicher nicht so viel Unzufriedenheit geblieben.«*

*(Bewertung: 4/5 bei TripAdvisor)*

---

## *Lösungsvorschlag Beispiel 1:*
## *Ein Familienhotel (3 Sterne) in Bayern*

*Sehr geehrte Anita,*

*danke für Ihr hilfreiches Feedback! Unser Team nimmt Ihre Anregungen sehr ernst und setzt laufend Verbesserungen um. Für Ihren nächsten Aufenthalt empfehle ich eines unserer Familienzimmer mit zwei getrennten Schlafzimmern. Vielen Dank für den Hinweis auf den defekten Kühlschrank – dieser wurde bereits ausgetauscht. Ich hoffe, dass unser Haus Ihre Familie beim nächsten Aufenthalt vollständig von seiner guten Qualität überzeugen kann.*

*Herzliche Grüße aus Bayern,*
*Maximilian Mustermann*

### *Erklärung*

»Sie schreiben einen Hotelierkommentar nicht für den Bewerter!« – Dieses Prinzip wird beim Lösungsvorschlag angewendet. Folgerichtig wird dem Bewerter allgemein für sein Feedback und die Anregungen gedankt. Anschließend wird »Upselling« betrieben – nicht für

## *Lösungsvorschlag Beispiel 4:*
## *Ein 4*-Skihotel im Berner Oberland*

*Sehr geehrte Eva,*

*danke, dass Sie sich die Zeit für ein Feedback genommen haben. Es tut uns sehr leid, dass durch unseren Fehler keine nebeneinander liegenden Zimmer mehr verfügbar waren. Dürfen wir Sie nächsten Winter wieder bei uns begrüßen? Wir würden uns freuen, Sie dann wieder perfekt zu umsorgen.*

*Salü aus dem sonnigen Berner Oberland,*
*Ihr Musterhotel-Team*

### *Erklärung*

Wenn etwas schiefläuft, sollte eine aufrichtige Entschuldigung sowie (wenn möglich) eine kurze und nachvollziehbare Erklärung abgegeben werden. Vermeiden Sie lange Ausführungen mit Hintergründen oder Rechtfertigungen (»Wir haben in der Buchungsbestätigung darauf hingewiesen, dass nebeneinanderliegende Zimmer nur ›nach Verfügbarkeit‹ möglich sind.«). Über Missverständnisse zu diskutieren, macht keinen Sinn. Da ist es einfacher, auch mal einen Fehler auf sich zu nehmen und damit neuen Gästen den professionellen Umgang mit Kritik zu demonstrieren.

Übrigens kann im »Wording« Ihres Hotelierkommentares durchaus eine regionale Note mitschwingen.

## *Lösungsvorschlag Beispiel 5:*
## *Ein Restaurant in Graubünden*

*Sehr geehrte Julia0704,*

*als Geschäftsführer des Restaurants möchte ich mich für den geschilderten Vorfall entschuldigen. Bitte seien Sie versichert, dass unser Restaurant höchsten Wert auf kompromisslose Sauberkeit und Hygiene legt. Wir werden regelmäßig und unangemeldet vom Lebensmittelinspektorat überprüft und erhalten jeweils Bestnoten. Unsere Fische und Meeresfrüchte beziehen wir täglich frisch von einem renommierten Großhändler. Die unprofessionelle Reaktion meines Mitarbeiters auf Ihre Schilderung tut mir sehr leid und entspricht nicht unseren Standards beim Umgang mit Gästen.*

*Gerne möchte ich mich mit Ihnen persönlich unterhalten, um eine Untersuchung der Ursachen für Ihre Erfahrungen zu veranlassen. Bitte kontaktieren Sie mich per Telefon – Herzlichen Dank im Voraus.*

*Mit freundlichen Grüßen aus der Schweiz,*
*Reto Mustermann*

### Erklärung

Wenn Ereignisse wie Vergiftungen, Bettwanzen, Unfälle oder andere Katastrophen in Bewertungen beschrieben werden, ist Krisen-PR angesagt. Sofern nicht eine (beweisbar) unwahre Behauptung aufgestellt wurde, muss klar kommuniziert werden, dass es sich um einen absoluten Ausnahmefall handelt. Kündigen Sie eine Untersuchung des Vorfalls und Sofortmaßnahmen an. Versichern Sie allen Gästen, dass Ihr Haus höchste Qualitätsstandards anwendet. Kommunizieren Sie, dass Sie persönlich in der Verantwortung stehen und gemeinsam mit dem Gast das Ereignis aufklären möchten.

Spätestens mit der Einführung touristischer Qualitätssiegel seit den 1990er Jahren ist Servicequalität ein großes Thema im Tourismus. Selbst kleine Unterkunftsbetriebe erhalten die Möglichkeit, an Schulungen teilzunehmen und Qualitätsauszeichnungen für Marketingzwecke einzusetzen. Qualitätsmanagement wird heutzutage durch »Social Media« ergänzt.

9

# BEWERTUNGEN FÜR DAS EIGENE Qualitätsmanagement nutzen

## 9.1 Das »Importance Performance« Modell

In Kapitel 4 ab Seite 29 wird das Erwartungsprinzip ausführlich beschrieben: Die große Herausforderung für ein Hotel ist es, überhaupt zu wissen, was ein Gast erwartet und was nicht. Wissen Sie genau, mit welchen Erwartungen Gäste zu Ihnen kommen? Können Sie einschätzen, in welchen Bereichen Ihr Haus aus Gästesicht überzeugt und in welchen es Schwächen hat?

Unsere Erfahrung ist, dass viele Hotels der berühmten Betriebsblindheit verfallen sind. Im Arbeitsalltag werden Abläufe und »Gesetzmäßigkeiten« nicht mehr hinterfragt. Es macht Sinn, den Betrieb und seine Prozesse auch einmal auf den Kopf zu stellen. Der Betrieb sollte aus Gästesicht neu entdeckt und die Entwicklung von

Gästeerwartungen kritisch überprüft werden. Im Qualitätsmanagement kennt man verschiedene Instrumente dafür. Fast alle kontrollieren die Servicequalität und befragen Gäste dazu. Die Herausforderung besteht jedoch darin, zu erkennen, ob Erwartungen hinsichtlich der Bedeutung für den Gast erfüllt, nicht erfüllt oder gar übertroffen werden.

## Übung

*Kennen Sie Ihren Betrieb? Schreiben Sie jeweils 3 Leistungen / Bereiche Ihres Hauses auf, in denen Sie aus Gästesicht im Vergleich zu anderen Betrieben besonders gut und in denen Sie eher schlecht abschneiden:*

| Das machen / können wir besonders gut: | Das machen / können wir wahrscheinlich eher schlecht: |
|---|---|
| 1. ______ | 1. ______ |
| ______ | ______ |
| 2. ______ | 2. ______ |
| ______ | ______ |
| 3. ______ | 3. ______ |
| ______ | ______ |

*Vergleichen Sie die Ergebnisse mit den Stärken und Schwächen, die Sie in Hotelbewertungen identifizieren können. Wenn Sie eine Software für Online-Reputation Management einsetzen, erhalten Sie solche Analysen automatisch.*

Viele Hotels verwenden Gästefragebögen, die der Gast meist am Vorabend der Abreise im Zimmer vorfindet. Enthalten sind oftmals mehrere Seiten mit Fragestellungen zum Service und der Infrastruktur, die der Gast anhand einer Punkteskala bewerten soll. Es wird dabei ein Aspekt völlig außer Acht gelassen: Sind denn die einzelnen Leistungen oder Hotelbereiche, die beim Gast abgefragt werden, überhaupt wichtig für ihn? Werden sie denn überhaupt vom Gast erwartet? Die meisten Gästebefragungen werden eindimensional und aus Hotelsicht durchgeführt.

Manche Hotels führen deshalb eine »Importance Performance Analyse«[52] durch. Der Vorteil des Modells ist, dass es sowohl die Leistungsabgabe, als auch die Wichtigkeit der Leistung für den Gast gleichzeitig erfasst und in Relation zueinander setzt. Man erkennt damit nicht nur, wie gut ein Hotel arbeitet, sondern gewinnt gleichzeitig Informationen darüber, in welchen Bereichen das Hotel aus Gästesicht über- oder unterdurchschnittliche Leistungen abgibt und wie wichtig der jeweilige Bereich für den Gast ist. Das Ergebnis ist sehr anschaulich in einer Matrix mit 4 Feldern darstellbar:

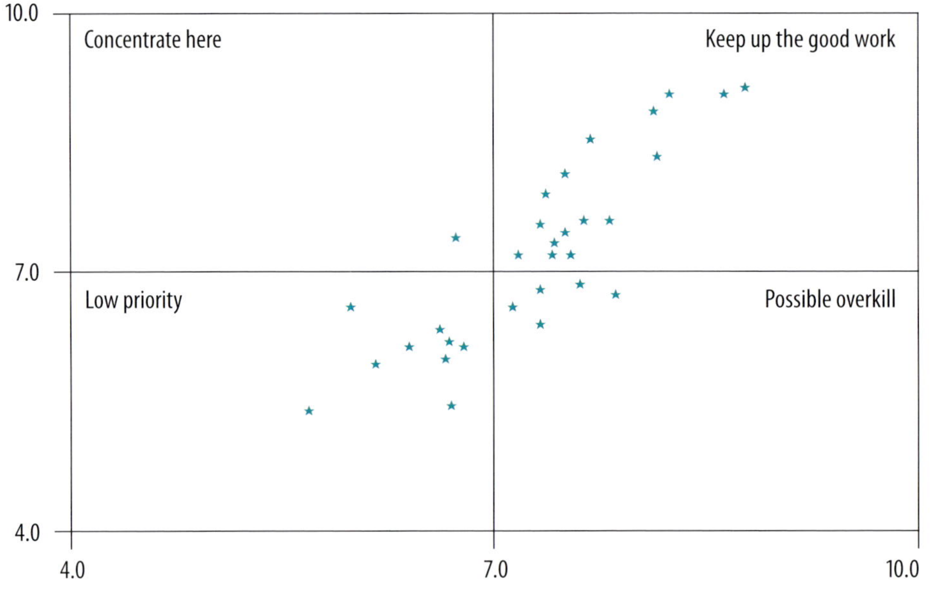


Die Matrix zeigt, wo im Hotel zu wenig Aufmerksamkeit und Zeit und wo zu viel davon investiert wird. Zudem erhält man Hinweise, in welchem Ausmaß die Konzentration auf einzelne Bereiche für den Betriebserfolg umverteilt werden könnte. Die untersuchten Hotelleistungen werden in vier Kategorien unterteilt:

- ★ Jene, die man in der bestehenden Qualität weiter so anbieten sollte (»Keep up the good work«)
- ★ Jene, bei denen man sich verbessern sollte (»Concentrate here«)
- ★ Jene, denen man weniger Priorität beimessen könnte (»Low priority«)
- ★ Und jene, bei denen man möglicherweise weit über den Erwartungen der Gäste liegt (»Possible overkill«)

Die Ergebnisse einer solchen Analyse fallen für jedes Haus sehr individuell aus.

## *Nicht jedes Hotel braucht gleich komplizierte Analyseinstrumente*

Es kommt darauf an, beim Gast die richtigen Fragen zu stellen. So macht es auch das Restaurant ›Auracher Löchl‹ im Tiroler Städtchen Kufstein. Dort haben wir den in der nächsten Abbildung gezeigten Fragebogen gefunden. Erstens ist dieser Fragebogen ein tolles Beispiel für gut überlegtes Feedback-Management und zweitens fällt eine Frage besonders auf. Welche?

HABEN SIE 33 SEKUNDEN ZEIT FÜR UNS?
Spüren Sie unsere Herzlichkeit? JA ☐ NEIN ☐
Konnten wir Sie begeistern? JA ☐ NEIN ☐
Empfehlen Sie uns weiter? JA ☐ NEIN ☐
Wünschen Sie sich neue WCs? JA ☐ NEIN ☐
DIE GÄSTEVERZAUBERER
Freundlichkeit ☐ ☐ ☐
Beratung ☐ ☐ ☐
Betreuung ☐ ☐ ☐
Besonders:...............................................................

DIE KÜCHE
hat's geschmeckt? ☐ ☐ ☐
hat's Auge mitgegessen? ☐ ☐ ☐
Preis/Leistung ☐ ☐ ☐
Bemerkung...............................................................
NEU! Wir verlosen: 88 Restaurantgutscheine á EUR 11,-
8 Restaurantgutscheine á EUR 44,-
Name:...............................................................
E-Mail:
Die Gewinner werden am Jahresende per e-Mail verständigt und auf der Homepage bekanntgegeben.

*Gästefragebogen einmal anders*
*(www.auracher-loechl.at, Kufstein, Richard Hirschhuber, 2010)*

Der Gast des Restaurants wird gefragt: »Wünschen Sie sich neue WCs?« Eine clevere Idee, zunächst seine Gäste zu befragen, bevor man eine Investitionsentscheidung trifft.

Was den Gästen wichtig ist und was nicht, kann man aus Hotelbewertungen ebenfalls herauslesen. So erhält man zusätzlich hilfreiche Informationen für das Qualitätsmanagement. Wenn man mehrere Bewertungen verschiedener Hotels genauer betrachtet, fallen recht schnell Punkte auf, die den Gästen besonders wichtig scheinen. Es sind genau diejenigen, die von den Bewertern häufig thematisiert und diskutiert werden.

Eine Studie, in der über 60.000 Hotelbewertungen analysiert wurden, zählt die in den Bewertungen am häufigsten verwendeten Wörter[53]:

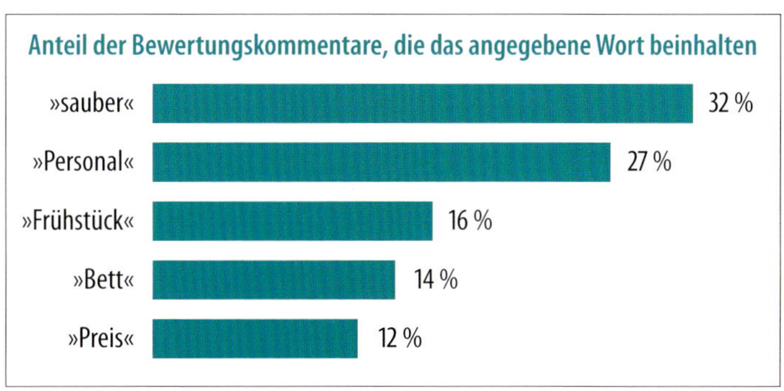


Die Analyse zeigt, dass Gäste das Hotelprodukt sehr gut kennen, denn sie nennen die Kernleistungen eines Unterkunftsbetriebs.

### *Leistungsbeurteilungen und deren Wichtigkeit aus Hotelbewertungen filtern*

Um Gästefeedbacks auszuwerten und für das Qualitätsmanagement nutzbar zu machen, müssen positive wie negative Häufungen erkannt werden. Man erhält dann, ähnlich wie bei der »Importance Performance Analyse«, schnell einen Überblick über jene Bereiche, die für Gäste wichtig sind.

## +++ TIPPS

Es werden **professionelle Instrumente** angeboten, die Ihnen Auswertungsmöglichkeiten von Online-Gästefeedback bieten. Mehr Informationen dazu erhalten Sie in Kapitel 6 ab Seite 61.

**Beobachten Sie Konkurrenzbetriebe.** Benchmarking macht auch bei Bewertungen Sinn. Gerade wenn es um Qualitätsmanagement geht. Hinterfragen Sie selbstkritisch, warum Konkurrenzbetriebe bessere Bewertungen zu bestimmten Bereichen erhalten.

**Formulieren Sie konkrete Verbesserungsziele** und setzen Sie diese um. Nutzen Sie Gästefeedbacks aus Bewertungsportalen zur Definition von Zielen für das Qualitätsmanagement. Formulieren Sie diese Ziele so, dass sie einfach und in einem realistischen Zeitrahmen umsetzbar sind. Lassen Sie Aussagen aus Hotelbewertungen auch in die Zieldefinition anderer Unternehmensbereiche (z. B. Investitionsentscheidungen) mit einfließen.

**Kombinieren Sie die Ergebnisse** von internen Gästebefragungen mit den Ergebnissen aus Hotelbewertungen.

+++

## Beschwerdemanagement und Gästezufriedenheit

Beschwerdemanagement ist Teil des Qualitätsmanagements und hat auf Hotelbewertungen mehr Einfluss, als man landläufig glauben mag. On- und Offline-Gästefeedback hängen stark miteinander zusammen. Während die meisten Hotelketten für ihre Betriebe eigene Vorgehensweisen genau definieren und das Beschwerdemanagement streng regeln, wird es in manchen Einzelbetrieben ähnlich stark vernachlässigt. Nicht ohne Grund, denn es muss viel Zeit in die Erarbeitung von Standards, Handlungsanweisungen und Mitarbeiterschulungen investiert werden. Die Bewertung durch den Gast findet zwar online statt, hat ihren Ursprung aber im Aufenthalt. Mit einem gut eingeführten Beschwerdemanagement können Hotelbewertungen positiv gesteuert werden.

### *Unzufriedene Gäste sind eine Chance – auch hinsichtlich Hotelbewertungen*

Eine Studie[54] belegt, dass 9 von 10 Kunden nach einer negativen Erfahrung dem betreffenden Unternehmen die Treue halten würden, wenn sie eine Entschuldigung, einen Rabatt oder die Versicherung erhalten, dass der Service besser wird. »*Gutes Beschwerdemanagement kann enttäuschte Kunden zu loyalen Kunden machen. Eine perfekte Wiedergutmachung kann mehr Kundenumsatz und -loyalität gewinnen als wenn von Anfang an alles geklappt hätte*«, meint auch Marketing-Guru Philip Kotler.[55]

Für Hotelbewertungen gilt dies in ähnlicher Form. Wenn sich ein Gast vor Ort beschwert, haben Sie gute Chancen, mit einem professionellen Beschwerdemanagement im Nachhinein eine positive Bewertung zu erhalten. Ohne das negative Ereignis hätte der Gast vielleicht gar keine Bewertung abgegeben. Eine prompte und professionelle Bearbeitung von Beschwerden kann den Gast positiv überraschen. Die Herausforderung beim Beschwerdemanagement liegt jedoch in der Motivation der Gäste, überhaupt eine Beschwerde zu äußern. Denn nur 50 % der unzufriedenen Gäste beschweren sich vor Ort.[56]

### *Warum beschweren sich Gäste nicht?*

Am häufigsten werden folgende Gründe genannt[56]:

- ★ Es ist nicht die Zeit oder den Aufwand wert.
- ★ Man weiß nicht, wo und wie man sich beschweren kann.
- ★ Man glaubt, dass sich auch nach der Beschwerde nichts ändern wird.

Die Folgen sind verheerend: Die Dienstleistung wird »boykottiert« oder der Vorfall mündet in negativer Mund-zu-Mund-Kommunikation.

Dies kann jedoch während des Aufenthaltes verhindert werden: Liegt es doch in der Macht des Hotels, unzufriedene Gäste zu erkennen und damit nachgelagerte Negativäußerungen zu vermeiden. Voraussetzung ist ein funktionierendes Beschwerdemanagement. Das erlaubt Mitarbeitern, direkt und im klar definierten Rahmen zu handeln. Dieses Beispiel aus HolidayCheck zeigt, wie der Umgang mit dem Gast vor Ort ein Online-Feedback beeinflussen kann:

**Miese Rezeption, sonst zufrieden**

Als wir ankamen mussten wir 1,5 Stunden auf unser Zimmer warten, obwohl es schon nach 13 Uhr war. Von Seiten der Rezeption gab es weder eine Entschuldigung noch eine sonstige Wiedergutmachung. Dazu war man sehr, sehr unfreundlich. Ansonsten war ich ziemlich zufrieden mit dem Hotel.

| | |
|---|---|
| **Hotel allgemein** | 5.0 |
| Zustand des Hotels | 6.0 |
| Allgemeine Sauberkeit der einzelnen Bereiche | 5.0 |
| Familienfreundlichkeit | 4.0 |
| Behindertenfreundlichkeit | nicht bewertet |
| **Lage & Umgebung** | 4.0 |
| Einkaufsmöglichkeiten in Umgebung | 6.0 |
| Verkehrsanbindung und Ausflugsmöglichkeiten | 5.0 |
| Restaurants & Bars in der Nähe | 4.0 |
| Sonstige Freizeitmöglichkeiten | 4.0 |
| **Service** | 3.3 |
| Freundlichkeit und Hilfsbereitschaft | 6.0 |
| Fremdsprachenkenntnisse des Personals | 5.0 |
| Rezeption, Check-In, Check-Out | 1.0 |
| Kompetenz (Umgang mit Reklamationen) | 1.0 |

Hätte hier die Rezeption professionell reagiert, wäre der Kommentar vielleicht positiv ausgefallen:

*»Obwohl wir als wir ankamen 1,5 Stunden auf unser Zimmer warten mussten, können wir dieses Haus nur weiterempfehlen. Die Rezeptionsmitarbeiter haben uns sofort angeboten, das Gepäck erst einmal auszuladen und für uns später auf das Zimmer zu bringen und wir konnten direkt zum Mittagsbuffet gehen, zu dem wir eingeladen worden sind,*

*obwohl das erst am Folgetag inkludiert gewesen wäre. Wir hatten von der langen Autofahrt sowieso erst einmal alle Hunger...«*

Im realen Beispiel verschlechtert die Note von 3,3 beim Service die Gesamtbewertung des Gastes (4,3 von 6) für das Hotel, obwohl der Gast eigentlich zufrieden war. Wichtig für das Beschwerdemanagement hinsichtlich Hotelbewertungen sind zusammenfassend folgende Punkte:

1. ***Der Gast sollte wissen, bei wem er sich beschweren kann***
2. ***Er sollte nonverbal und verbal ermutigt werden, seine Probleme zu äußern***
3. ***Am besten ist es, bereits während des Aufenthaltes unzufriedene Gäste zu identifizieren und gezielt »abzuholen«, also aktiv auf sie zuzugehen***

## +++ TIPP

***An der Rezeption die richtigen Fragen stellen***

Vermeiden Sie allgemein hoteltypische Fragen wie »Hat Ihnen der Aufenthalt gefallen?« Versuchen Sie, dem Gast konkrete Fragen zu stellen, die er auch ernsthaft beantworten kann – zum Beispiel »Wie hat Ihnen unser neuer Weinkeller und die Auswahl an Weinen gefallen?«

+++

*Professionelles Beschwerdemanagement mit klaren Verantwortlichkeiten: Restaurantleiterin Andrea Chernesky auf der »Celebrity Silhouette«*

## *Beschwerdemanagement in der Praxis: Restaurantleiterin Andrea*

Professionelles Beschwerdemanagement kann man auf dem Kreuzfahrtschiff ›Celebrity Silhouette‹ erleben: In einem der Spezialitätenrestaurants an Bord beschwert sich ein Gast beim Kellner: »Ich warte seit 20 Minuten auf meinen Kaffee«. Sofort übernimmt die Restaurantleiterin den Tisch. Sie entschuldigt sich aufrichtig für das Problem, erwähnt, dass dies nicht hätte passieren dürfen und versichert dem Gast, dass sie sich sofort selbst um den Kaffee kümmern wird. Ab diesem Zeitpunkt übernimmt sie für den Rest des Aufenthaltes des Gastes persönlich dessen Betreuung.

Auf Kreuzfahrtschiffen wird Beschwerdemanagement ganz klar als Chance erkannt und so gelten auch bei der Celebrity Cruises klare Qualitätsrichtlinien, Zuständigkeiten und Hierarchien in der Beschwerdeabwicklung. Es finden fortlaufende Analysen des Gästeverhaltens IT-unterstützt statt: Kommen dieselben Gäste ein weiteres Mal in ein bestimmtes Bord-Restaurant? Wenn nicht: Warum speisen sie in einem anderen? Gegebenenfalls wird der Gast sogar telefonisch kontaktiert, um ihn aktiv um ein Feedback zu bitten.

Einige Hoteliers sind der Meinung, man müsste seine Gäste nicht rund um die Uhr »bemuttern«, ihnen alles vorkauen oder präsentieren: »*Es ist doch logisch, wo man sich in einem Hotel beschweren kann – an der Rezeption, wo sonst?*«, hören wir sehr oft als Argumentation. Darum geht es aber gar nicht. Sondern um die alte Dienstleistungsweisheit »Der Kunde ist König«. Warum sich nicht aktiver mit den »Wehwehchen« der Gäste beschäftigen? Warum nicht aktiv dem Gast Feedback abverlangen? Wenn es nachweislich der Gästezufriedenheit nutzt und eine positive Mund-zu-Mund-Kommunikation unterstützt, macht das viel Sinn.

### *Beschwerden sind Situationen mit hohem Unsicherheitsfaktor*

Versetzen Sie sich in die Rolle des Gastes: Er versucht, die richtigen Worte zu finden, um ein Problem zu umschreiben. Er überlegt sich im Voraus, wie er auf »gegenseitige Schuldzuweisungen« im Beschwerdegespräch reagieren wird. Nur wenn der Gast das nötige Selbstvertrauen hat, überwindet er sich, die Beschwerde persönlich vorzubringen.[57]

Mitarbeiter sollten Gäste während des Aufenthaltes aktiv auf Kritik ansprechen. Genauso wie sich Gäste schwer tun, fällt es gewöhnlich auch Mitarbeitern nicht leicht, mit Beschwerden umzugehen. Sie benötigen das richtige »Handwerkszeug« dazu. Wie im Kreuzfahrt-Beispiel gezeigt, sollten Hierarchien und Zuständigkeiten geklärt sein. Als besonders wichtig erscheint es uns, im Betrieb zu vereinbaren, welcher Entscheidungsfreiraum dem einzelnen Mitarbeiter bei welchem Beschwerdegrad eingeräumt wird. Die Praxis zeigt, dass dahingehend großer Nachholbedarf besteht. Wie oft reagiert das Personal unsicher und unbeholfen? Das unerwünschte Resultat: Der Gast fühlt sich nicht ernst genommen und wird enttäuscht »stehen gelassen«.

Machen Sie Beschwerdemanagement nicht ausschließlich zur Chefsache, sondern beziehen Sie unbedingt alle Mitarbeiter mit ein und schulen Sie das Verhalten bei Beschwerden gezielt auch mit dem Fokus »Hotelbewertungen«. Service, beziehungsweise die Mitarbeiter, haben den höchsten Einfluss auf die Gesamtzufriedenheit. Mängel in anderen Bereichen können durch guten Service sogar kompensiert werden[53]. Allerdings zählt der Gesamteindruck – es kann kein Bereich völlig ignoriert werden. Große Hotelketten machen es vor und haben die Wichtigkeit von Service auch im Marketing erkannt. So gewährt ›Ibis‹ seinen Gästen die »15 Minuten Service-Garantie« und kommuniziert diese aktiv als Flyer in den Hotelzimmern.

## +++ TIPPS

***So gehen Sie professionell mit Beschwerden um***

- ★ Sich entschuldigen (dies hat direkten Einfluss auf die Kundenzufriedenheit).
- ★ Erklären, warum das Problem aufgetreten ist (dies minimiert die Wahrnehmung von Ungerechtigkeit).
- ★ Sich bemühen und das Problem beheben (dies signalisiert dem Gast die »positive Energie«, die eingesetzt wird).
- ★ Aufmerksam und schnell handeln.

+++

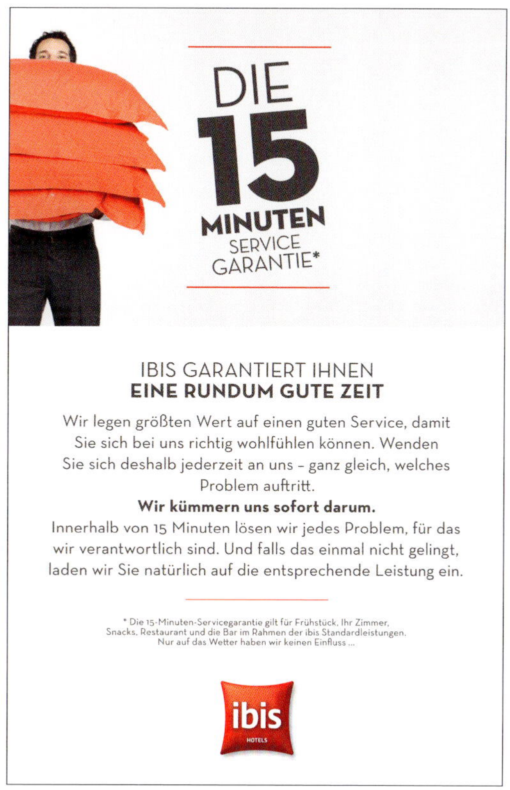


*Die »15 Minuten Service-Garantie« in Ibis-Hotels*

## *Auch positives Feedback fördern*

In der deutschen Sprache reden wir von »Beschwerdemanagement«, obwohl das Thema viel umfassender gesehen werden muss, geht es doch um das Management von Gästefeedback im Allgemeinen. Lassen Sie also nicht außer Acht, dass es neben Beschwerden auch generelles Gästefeedback und Lob gibt. Man spricht dabei auch von der sogenannten »3-C-Kultur« (3-C-Culture).[58] Unternehmen bekennen sich dabei zu einem aufgeschlossenen und positiven Umgang mit Gästefeedback. Die »3-Cs« stehen für die englischen Begriffe »Compliments« (Lob), »Comments« (Feedback) und »Complaints« (Beschwerden).

*Billy und Ana fordern auf dem Kreuzfahrtschiff aktiv Feedback ein*

Lob und positives Feedback eignen sich übrigens optimal zur Mitarbeitermotivation. Scheuen Sie sich nicht, beim Gast aktiv ein Feedback einzufordern. In der Tourismusbranche verwundert es wenig, dass Kreuzfahrten die Reiseform mit der höchsten Gästezufriedenheit sind. Bei den Reedereien wird die 3-C-Kultur gelebt und Mitarbeiter fordern fast schon übereifrig Gästefeedback ein: »*Sie werden am letzten Abend einen Fragebogen bekommen. Wenn Sie von unserem Service begeistert waren, so erwähnen Sie Ana und mich. Damit tun Sie uns einen großen Gefallen.*«, bitten ›Celebrity‹-Kellner Billy und Hilfskellnerin Ana um positives Feedback.

## Feedback in interne Prozesse integrieren



Personen merken sich tendenziell die erste und letzte Information eines Ereignisses oder Erlebnisses am besten. Somit steigt die Chance, dass diese Aspekte auch in den Online-Bewertungen nachzulesen sind. Die Anreise des Gastes, das Check-In, der berühmte »erste Eindruck« zählt also genauso wie das Check-Out und die Abreisesituation. Schenken Sie bei den im Qualitätsmanagement unabdingbaren Prozess-Definitionen diesen beiden Aspekten daher große Aufmerksamkeit und steuern Sie damit indirekt Aussagen in Bewertungen.

Nachfolgend ein paar Hinweise, wie Sie Gästefeedback »offline« nutzen können, um eine erfolgreiche Qualitätssicherung in die »online«-Welt der Hotelbewertungen zu übertragen.

### +++ TIPPS

- ★ Lösen Sie die Probleme, die durch Beschwerden aufgedeckt werden, möglichst sofort und bieten Sie noch vor Ort eine zufriedenstellende Lösung an.
- ★ Arbeiten Sie aktiv mit Upgrades, Sonderleistungen, etc. So überraschen Sie Gäste positiv und drehen ein negatives Erlebnis möglichweise in eine Weiterempfehlung um.
- ★ Besprechen Sie jede Art von Feedback (Beschwerden, generelle Gästemeinungen und Lob) regelmäßig mit Ihren Teams und sorgen Sie für ein funktionierendes Beschwerdemanagement.
- ★ Machen Sie Ihre Mitarbeiter »heiß« auf Bewertungen und informieren Sie sie über Erfolge und Misserfolge. Positives Feedback motiviert Ihr Team.
- ★ Informieren Sie Ihre Mitarbeiter über den Fortschritt von Verbesserungen.
- ★ Führen Sie eine Liste mit negativem Feedback und überprüfen Sie, ob die Informationen daraus für eine Qualitätsverbesserung genutzt worden sind.
- ★ Wenn konkrete Mitarbeiter im Feedback angesprochen werden, suchen Sie das direkte Gespräch und diskutieren Sie gemeinsam Lösungen.
- ★ Trainieren Sie Ihr Personal im Beschwerdemanagement – damit Beschwerdesituationen nicht eskalieren. Geben Sie Ihrem Personal konkrete Befugnisse und Handlungsanweisungen.
- ★ Definieren Sie klare Abläufe für Dinge, die sich nicht ändern lassen oder immer wieder vorkommen (zum Beispiel die Anreisesituation am Hauptanreisetag, wenn das Housekeeping beim Zimmer machen nicht nachkommt und die Rezeption mit Check-Ins im Stress ist).

+++

Spätestens jetzt, wo Gäste ihr Feedback öffentlich teilen, müssen sich Hotelbetriebe um ein professionelles Qualitäts- und Beschwerdemanagement kümmern. Es sind heute immer noch 7 von 10 Gästen, die sich im Hotel beschweren, mit dem Ergebnis ihrer Reklamation nicht zufrieden. Das Fatale dabei ist, dass laut Studien negative Eindrücke länger bestehen bleiben – vor allem dank der digitalen Verbreitung, zum Beispiel über Online-Bewertungen.[59]

# 10

## BEWERTUNGEN IN
# Marketing & Sales verwenden

»Marketing is Dead« titelte die Harvard Business Review im August 2012 und führte als Grund dafür die rasante Entwicklung im Bereich Social Media an[60]. Das klassische Marketing in der Hotellerie (Printwerbung, Sales Promotion, Mailings, etc.) stößt immer mehr an Grenzen – denn selbst wenn durch diese Maßnahmen potenzielle Gäste auf den Betrieb aufmerksam werden, erfolgt die Buchungsentscheidung dann meist online. Arbeitet ein Hotel aktiv mit Online-Hotelbewertungen, so können diese »Testimonials« perfekt ins Marketingportfolio integriert werden.

## 10.1 Bewertungen in die Website integrieren

»Internet Widgets« sind Contentfenster, die relativ einfach in jede Website eingebunden werden können. Viele Internet-Bewertungsportale bieten kostenlos solche Widgets an. In dem Contentfenster werden beispielsweise die aktuellen Bewertungen, der Bewertungsdurchschnitt oder die Weiterempfehlung angezeigt.

*Beispiele für Widgets von TripAdvisor (Screenshot vom 21.12.2012), HolidayCheck und Zoover (Screenshots vom 11.10.2012)*

### +++ TIPP

Einen aktuellen Überblick über Widgets der verschiedenen Portale erhalten Sie auf unserer Website:
www.tourismuspartner.cc/deutsch/buch

+++

### *Was spricht dafür, ein Bewertungs-Widget auf der eigenen Seite zu integrieren?*

- ★ Widgets wirken verkaufsfördernd, ähnlich wie unabhängige Gütesiegel.
- ★ Die Integration von Bewertungen signalisiert dem Gast, dass das Hotel offen mit Kritik umgeht und von seinem Produkt überzeugt ist.
- ★ Der transparente Umgang mit den eigenen Bewertungen schafft Vertrauen beim Nutzer (»Das Hotel hat nichts zu verbergen«).

- ★ Potenzielle Gäste suchen ohnehin neutrale Bewertungen im Internet. Wenn sie diese auf der Hotelwebsite finden, reduziert sich die Gefahr, dass der Gast auf andere Seiten abwandert.
- ★ Folglich erhöht sich die Chance, zu einer Direktbuchung zu kommen.

### *Was spricht dagegen?*

- ★ Durch ein Widget werden nicht direkt kontrollierbare externe Inhalte auf der eigenen Website integriert.
- ★ Nutzer könnten durch ein Widget erst auf die Idee gebracht werden, ein Bewertungsportal für Detailrecherchen aufzusuchen.
- ★ Die meisten Widgets verlinken auf die Inhalte des jeweiligen Portals. Jedes Verlassen der eigenen Website erhöht jedoch die Wahrscheinlichkeit, dass der Nutzer über ein externes Portal bucht oder gar auf einen Konkurrenzbetrieb aufmerksam wird.

Ob für Ihren Betrieb eher die beschriebenen Chancen oder doch die Risiken überwiegen, probieren Sie am besten aus. Die Erfahrungen sind unterschiedlich und erwünschte oder unerwünschte Effekte müssen für jeden Betrieb individuell getestet werden.

## +++ TIPP

Überlegen Sie, welche Widgets Sie einsetzen möchten:

- ★ Es kommt ganz auf die Zielgruppen an, die Sie ansprechen wollen.
- ★ Neben Bewertungsportalen bieten auch Online-Reputation Management Systeme eigene Widgets an. Oftmals fassen diese Widgets die Bewertungen mehrerer Portale zusammen.
- ★ Auch Gütesiegel und Auszeichnungen werden von einigen Portalen in Form von Widgets angeboten.

+++

### *Kundenmeinungen auf der eigenen Website transparent darstellen*

Internationale Hotelketten wie ›Accor‹ (z. B. ibis, mercure), ›Starwood‹ (z. B. Sheraton, Westin, LeMeridien) oder ›Wyndham‹ (z. B. Tryp) sind dazu übergegangen, auf ihren eigenen Seiten die Hotelbewertungen von unabhängigen Anbietern wie zum Beispiel TripAdvisor einzubinden. Grund dafür war die Erkenntnis, dass sich Bewertungen ohnehin nicht vermeiden lassen und diese als Teil des Buchungsprozesses eine wichtige Rolle spielen. Ziel ist es, den potenziellen Gast auf der eigenen Website zu halten. Die ›Wyndham‹-Hotelgruppe macht damit sehr positive Erfahrungen: Nach einem Relaunch der Website und der Integration von Bewertungen ist eine Zunahme der direkten Online-Buchungen beobachtbar[61].

## Positive Kommentare zitieren

Haben Sie sich schon einmal überlegt, positives Gästefeedback aus den Bewertungsportalen auf Ihrer eigenen Website zu veröffentlichen? Ganz ohne Widgets. So wie Sie Einträge aus Ihrem klassischen Gästebuch veröffentlichen dürfen, ist dies auch mit Kommentaren aus Hotelbewertungsportalen möglich.

*Website-Ausschnitt des ›25hours Hotel Hafencity‹ mit Bewertungs-Zitat und Award-Logo*

Ausschnitte aus Hotelbewertungen dürfen – wenn sie korrekt zitiert werden – auch auf der eigenen Website oder in der E-Mail-Kommunikation verwendet werden, wie dieses Beispiel auf der Website des ›25hours Hotel Hafencity‹ zeigt:

## Die Destination nicht vergessen

Auch Bewertungen zu touristischen Attraktionen und Freizeitangeboten in Ihrer Destination sind für potenzielle Gäste interessant. Verlinken Sie zu Informationen, die für die Urlaubsplanung Ihrer Gäste relevant sein könnten. Damit demonstrieren Sie die Attraktivität Ihres Reiseziels und bieten Ihren Gästen wichtige Informationen auf Ihrer Seite an, die die Gäste sonst mühsam selbst im Internet zusammensuchen müssen.

## +++ TIPP

In seiner Management Zentrale stellt TripAdvisor kostenlos ein Widget zu Aktivitäten und Restaurants zur Verfügung. Damit können Empfehlungen zu gut bewerteten Angeboten in Ihrer Region in die hoteleigene Website integriert werden (www.tripadvisor.de/WidgetEmbed). Das Bewertungsportal Qype bietet ein ähnliches Widget an (www.qype.com/qypetool/tool).

+++

## Mit Bewertungen im klassischen Marketing arbeiten

Haben Sie überwiegend positive Hotelbewertungen? Dann sollten Sie dieses Kundenfeedback auch offen und transparent kommunizieren – sei es auf Ihrer Website, in E-Mails oder On- und Offline-Werbung.

*T-Shirts für Angestellte im Prizeotel Bremen*

Es muss ja nicht gleich die Ausstattung Ihres Personals mit Bewertungs-T-Shirts sein. Ein Hinweis auf Bewertungen und Bewertungsportale kann auf vielen Wegen erfolgen – online auf der eigenen Website, in Hotelbroschüren, mittels Aufstellern oder Aufklebern in der Lobby – oder auch, indem von Portalen erhaltene Awards ausgehängt werden.

## *Awards, Qualitätssiegel & Co.*

Viele Hotelbewertungsportale und Reiseveranstalter vergeben regelmäßig Auszeichnungen für gute Bewertungen. Wie Ihr Hotel zu einer Auszeichnung kommt, haben wir in der nachfolgenden Übersicht zusammengefasst.

## *Auszeichnungen von Online-Portalen* [a)]

| Portal | Auszeichnung | Bedingungen |
|---|---|---|
| TripAdvisor | Zertifikat für Exzellenz | Durchschnittliche Gesamtbewertung von 4 aus 5 Punkten sowie eine Mindestanzahl Bewertungen in den letzten 12 Monaten |
| TripAdvisor | Travellers' Choice | Top 25 Unternehmen in verschiedenen Kategorien und geographischen Regionen |
| HolidayCheck | HolidayCheck Award | Auszeichnung der »99 beliebtesten Hotels weltweit«; Pro Land/Kategorie (derzeit 7 Kategorien) kann nur 1 Hotel gewinnen. Mindestanzahl neuer Bewertungen im vorangegangenen Jahr + Mindestweiterempfehlungsrate |
| HolidayCheck | Top Hotel | Auszeichnung der 10 % der am besten bewerteten Hotels einer Region |
| HolidayCheck | Quality Selection | Auszeichnung von Hotels, die durchschnittlich mit mindestens 5 Sonnen bewertet wurden |
| Zoover | Zoover Award | Auszeichnung der beliebtesten Unterkunftsbetriebe je Land (max. 25/Kategorie) mit mindestens einem Bewertungsdurchschnitt von 8.5/10 sowie einer Mindestanzahl von Bewertungen im vorangegangenen Jahr |
| Zoover | Recommended/ Highly Recommended | Gesamtbewertung von mindestens 7.5/10 bzw. 8.5/10 bei »Highly Recommended« |
| trivago | Tophotels | «Dynamische« Auszeichnung je nach Ranking in Ort, Region und Spezialisierung, z. B. »Platz 7 in der Kategorie Top Hotels für große Gruppen Kurpfalz«. Eher Gütesiegel als echter Award |
| Expedia | Insiders' Select | Die am besten bei Expedia bewerteten Hotels mit einer Mindestanzahl neuer Bewertungen im vorangegangenen Jahr |
| Venere | Verschiedene Themen-Awards | z. B. »Top Clean«, »Biggest Rooms«, »Very Quiet« u. a. |
| hotel.de | Top bewertetes Hotel | Auszeichnung der besten Hotels mit Anforderungen an Mindest-Bewertungsdurchschnitt und Bewertungsanzahl |
| Holidaytest.de | Kunden-Siegel | Abhängig von der Durchschnittsbewertung wird eine Gesamtnote (z. B. »Exzellent«) vergeben |

[a)] Stand: Oktober 2012, eigene Auswahl

***Nutzen Sie als Awardgewinner die Auszeichnung für Ihr Marketing und weisen Sie in Ihren Marketingmitteln und im Haus darauf hin.***

### *Empfehlenswerte Marketingmaßnahmen mit Awards*

- ★ Award auf der eigenen Website präsentieren
- ★ Award in den Beschreibungstexten Ihres Hauses erwähnen (»Unser Hotel ist Gewinner der 2013 Travellers' Choice Auszeichnung von TripAdvisor«)
- ★ Award im Haus zeigen (Plaketten/Zertifikate in der Lobby aushängen)
- ★ In der PR-Arbeit als Thema aufgreifen
- ★ In Sozialen Medien den Award kommunizieren (Facebook, Hotelblog, etc.)
- ★ Stammgäste auf den Award-Gewinn hinweisen, zum Beispiel per Newsletter
- ★ Innenmarketing: Die Mitarbeiter informieren und deren Einsatz anerkennen

## Vorsicht

Nicht jeder Award-Gewinn ist eine Pressemitteilung wert. Inzwischen werden Awards von Portalen fast schon inflationär vergeben. Hier könnte eine intensive Kommunikation des Award-Gewinns eher kontraproduktiv sein – gerade bei Awards mit geringen Mindestanforderungen.

Prüfen Sie daher genau, wenn Sie eine Auszeichnung erhalten, warum Sie diese erhalten haben und wie exklusiv diese Auszeichnung wirklich ist.

## 10.3 Bewertungen für das Revenue Management & Sales nutzen

Kunden sind bereit, für besseren Service mehr zu bezahlen – einer Studie zufolge sogar 38 % mehr[62]. Wie können Kunden jene Betriebe erkennen, die besseren Service bieten? Richtig, zum Beispiel indem sie sich Hotelbewertungen ansehen[63]. Dort lesen sie nach, was andere Gäste bereits erlebt haben und entwickeln mit diesen Informationen im Zusammenhang mit dem Preis ganz bestimmte Erwartungen.

### *Bessere Bewertungen bringen Spielraum für Preiserhöhungen*

Untersuchungen zeigen, dass die Auswirkungen von schlechten Hotelbewertungen durch Preissenkungen nicht korrigiert werden können[64]. Andersherum können besser bewertete Betriebe durchaus höhere Zimmerpreise erwirtschaften. So beobachtet das Buchungsportal Expedia bei einer Steigerung von einem Punkt in der Bewertungsskala (1-5) eine Erhöhung der Average Daily Rate (ADR) von 9 %.

In einer PhoCusWright-Studie wurde festgestellt, dass Nutzer von Online-Buchungsportalen, die Hotelbewertungsseiten besuchen, die doppelte Wahrscheinlichkeit für eine Buchung haben. Den selben Effekt, nämlich eine Verdopplung der Konversionsrate, zeigen Hotels mit Bewertungen von über 3,0 bei Expedia (im Vergleich zu Hotels mit einem Bewertungsdurchschnitt von unter 3,0)[65].

### +++ TIPPS

- ★ Vergleichen Sie die Gästefeedbacks für Ihre Leistungen mit denen Ihrer Mitbewerber: In welchen Bereichen ist Ihr Hotel besser als vergleichbare Betriebe? Einige Hotelbewertungsportale und Softwarelösungen für »Online-Reputation Management« bieten dafür eigene Vergleichs-Funktionalitäten an.
- ★ Analysieren Sie die Preise Ihrer Mitbewerber im Verhältnis zu deren Hotelbewertungen: Besteht für Ihren Betrieb Spielraum für Preiserhöhungen?
- ★ Achtung: Preissenkungen sind kein geeignetes Mittel, um eine dauerhaft negative Online-Reputation auszugleichen. Es gilt, durch interne Maßnahmen die vorhandenen Probleme zu lösen.

+++

Wie Preisstrategie und Hotelbewertungen verbunden werden können, zeigt folgendes Beispiel aus den Vereinigten Staaten:

Eine Hotelkette hat aufgrund von sehr guten Bewertungen die Preise auf einzelnen Buchungskanälen Schritt für Schritt um jeweils 5 Dollar erhöht und dazu die Buchungsentwicklung auf dem jeweiligen Kanal beobachtet. Nach der ersten Erhöhung war kein Buchungsrückgang spürbar. Also entschied man sich zu einer zweiten Erhöhung um weitere 5 Dollar. Auch diesmal war auf den gewählten Vertriebskanälen keinerlei Auswirkung auf die Buchungszahlen zu beobachten. Erst bei der dritten Erhöhung stellte man Rückgänge der Buchungszahlen fest und fixierte die Preiserhöhung auf 10 Dollar.[63]

Die Kombination von Preis und Bewertungen nutzt auch Branchenprimus booking.com beim Verkauf von Hotelbetten. So werden Hotelangebote als »Smart Deal«, also »cleveres Geschäft« gekennzeichnet, wenn es sich dabei um ein ganz ausgezeichnetes Preis-Leistungs-Verhältnis handelt. Das Preis-Leistungs-Verhältnis bewertet booking.com aus einem Vergleich der Preisentwicklung (vergangenheitsbezogen) mit den Hotelbewertungen.

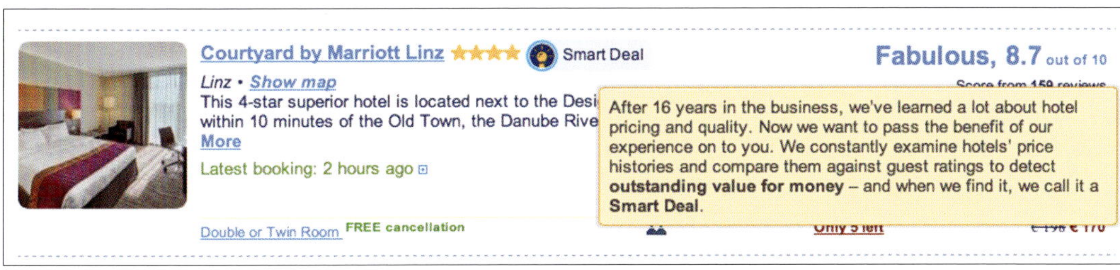


Das Beispiel zeigt, dass auch Vertriebskanäle einen Zusammenhang zwischen Preis und Hotelbewertungen sehen und sogar als Verkaufsvorteil kommunizieren.

### *Vorsicht mit Preisdifferenzierungen*

Bei Preisdifferenzierungen mithilfe von Leistungseinschränkungen muss sehr überlegt vorgegangen werden – je nach Hotelbetrieb, Philosophie und Markenversprechen. Wenn beispielsweise ein Ferienhotel auf einem sehr hochwertigen Produktniveau arbeitet, kann eine kurzfristige Preisreduzierung nicht immer mit gleichzeitiger Leistungsreduzierung einhergehen, ohne Gäste zu enttäuschen. Aus Erfahrung heimst man sich als Hotelier gerade bei Preisaktionen tendenziell negativere Bewertungen von Gästen ein. Warum? Das hängt eng mit dem Erwartungsprinzip zusammen: Der Gast bucht zwar ein Sonderangebot, erwartet aber dennoch alles, was das Hotel auf der eigenen Website darstellt und auf anderen Plattformen über das Hotel ausgesagt wird.

Soll heißen, dass der Preis zwar Erwartungen schürt, der Gast aber andersherum bei kurzfristigen Preisaktionen keine Leistungseinschränkung akzeptiert, außer dies ist ganz klar formuliert und durchgängig kommuniziert (beispielweise in Betrieben, die grundlegend mit dem »Pay-what-you-get«-Prinzip in der Preisgestaltung arbeiten). Erklärend dazu ein fiktives Beispiel: Sie erhalten die Gelegenheit, einen nagelneuen Mercedes mit 50 % Rabatt zu kaufen. Bei der ersten Ausfahrt stellen Sie fest, dass die Klimaanlage nicht funktioniert, die Fensterheber klemmen und das Panoramadach undicht ist. Zurück beim Händler zuckt dieser nur die Schultern und erklärt Ihnen, dass Sie doch ein paar Mängel in Kauf nehmen müssten – schließlich hätten Sie ja nur die Hälfte bezahlt. Natürlich hatten Sie als Kunde an die Marke Mercedes sehr hohe Erwartungen…

In der Ferienhotellerie werden zur Auflösung dieses Konflikts Sommer- und Winterleistungen (Gastronomie, Wellnessangebote, Services) gerne unterschiedlich gestaltet oder das gesamte Hotelkonzept gewechselt. Dass das sogar auf Destinationsebene funktioniert, zeigt Flims-Laax in der Schweiz. Die gesamte Destination wechselt mit der Saison den Markennamen und die komplette Ausrichtung: Im Winter ›Laax‹ als hipper, junger, moderner Skiort für Freestyler und Boarder; im Sommer ›Flims‹ als familienfreundlicher Ferienort und Ausflugsmöglichkeiten rund um die Rheinquelle – und das mit Erfolg.

### *Hotelbewertungen im Vertrieb steuernd einsetzen*

Unterschiedliche Hotelbewertungsportale sprechen unterschiedliche Gäste an. Jedes Online-Portal ist auf anderen Herkunftsmärkten stark. Ist Ihr Betrieb zum Beispiel auf dem niederländischen Portal Zoover besonders gut dargestellt, werden Sie unter Umständen eine Zunahme von neuen Gästen aus den Beneluxländern feststellen.

Hotelbewertungsportale arbeiten mit verschiedenen Modellen und Buchungspartnern zusammen. So wird beispielsweise bei TripAdvisor zu den marktführenden Online-Buchungsportalen weiterverlinkt (sogenanntes »Click-Out-Verfahren«), wohingegen HolidayCheck eine direkte Buchungsmöglichkeit über Reiseveranstalter ermöglicht, sprich als klassischer Reisemittler arbeitet.

## Wichtig zu wissen

Nicht alle Vertriebspartner teilen Ihnen mit, über wen eine Buchung genau vermittelt wird. So kommt es vor, dass manche Onlineportale viele Buchungen für Ihr Haus bringen, ohne dass Sie dies mitbekommen. Für Sie sichtbar ist oft nur der Vertriebspartner, mit dem Sie einen Vertrag abgeschlossen haben.

Aus welchen Kanälen Ihre Online-Buchungen kommen, können Sie über die Steuerung der Bewertungsabgabe mit beeinflussen. Motivieren Sie Gäste zu Bewertungen in jenen Kanälen, die für Sie als Hotel am optimalsten erscheinen.

# +++ TIPPS

***zur Vertriebssteuerung***

- ★ Analysieren Sie, auf welchen Hotelbewertungsportalen Sie über welche Partner direkt oder indirekt buchbar sind.
- ★ Fördern Sie gezielt Bewertungen für jene Portale, die für Sie strategisch wichtig sind – zum Beispiel, weil sie relevante Zielmärkte abdecken oder mit wichtigen Buchungspartnern zusammenarbeiten.
- ★ Nutzen Sie Bewertungen zur Verstärkung neuer Herkunftsmärkte. Sind Sie beispielsweise sehr stark abhängig vom deutschen Herkunftsmarkt und dort bereits etabliert, versuchen Sie, Bewertungen in Richtung internationale Märkte zu steuern, in dem Sie eine Zeit lang Gäste motivieren auf TripAdvisor zu bewerten. Oder versuchen Sie, Gäste aus neuen Märkten zu Bewertungen auf einem im Herkunftsmarkt etablierten Bewertungsportal zu motivieren (beispielsweise russische Gäste auf www.tophotels.ru).

+++

# 11 Erfahrungsberichte

Wie wird in der Praxis mit Hotelbewertungen gearbeitet? Wie wird der Überblick über die eigene Online-Reputation behalten? Internationale Hotelketten, erfolgreiche Individualhotels und Tourismusorganisationen geben Einblicke in ihre Arbeit mit Gästefeedback.

## 11.1 Seaside Hotels, Kanarische Inseln

*Liza Kapageridou*

›Seaside Hotels‹ ist eine Hotelgruppe, die 1969 von Theo Gerlach gegründet wurde und sich seitdem in Familienbesitz befindet. Insgesamt acht Resort- und City Hotels gehören zu der Hotelgruppe. Unter dem Motto »Warum sich mit weniger zufriedengeben?«, und mit dem Seepferdchen als Logo, haben die ›Seaside Hotels‹ in ganz Europa an Bekanntheit gewonnen. Zu den Resorthotels auf den Kanarischen Inseln zählen zwei 5-Sterne-Hotels (davon eines Mitglied der »Leading Hotels of the World«) sowie zwei 4-Sterne-Hotels. Alle Betriebe zeichnen sich durch eine exklusive Gastronomie, exzellenten Service und eine privilegierte Lage in Strandnähe aus. Die Gästestruktur ist dabei so vielfältig wie die Hotels selbst. Vom Familienurlaub bis hin zum Sport- und Wellnessurlaub ist für jeden etwas dabei. Die 5-Sterne-Hotels eignen sich besonders für Luxus-Liebhaber und Gourmets, währenddessen die 4-Sterne-Hotels ihren Gästen einen abwechslungsreichen Urlaub mit wahlweise All-Inclusive anbieten.

## *Arbeit mit Hotelbewertungen*

Seit Mai 2011 setzt man sich in den Hotels intensiv mit der Bearbeitung und Auswertung von Online-Gästekommentaren auseinander. Dabei hat sich schnell gezeigt, dass TripAdvisor, HolidayCheck und Zoover die wichtigsten Bewertungsportale für unsere Gäste darstellen.

Als Verantwortliche für Online-Reputation für alle vier Hotels auf den Kanaren habe ich damals begonnen, die drei genannten Portale täglich auf neue Bewertungen zu kontrollieren. Neue Hotelbewertungen werden an die Hoteldirektoren und deren Assistenten gesendet. In Zusammenarbeit mit den Hoteldirektoren werden seit Juni 2011 alle Bewertungen auf den drei Portalen beantwortet.

Regelmäßig leiten Mitarbeiter der Direktion ihre Antworten an mich weiter und ich veröffentliche diese in den entsprechenden Portalen. Bei negativen Bewertungen schlage ich einen passenden Hotelierkommentar vor. Dabei bin ich in engem Kontakt mit den Hotels und werde kontinuierlich über die jüngsten Geschehnisse informiert.

## *Entwicklungsprozess*

Neben der Beantwortung von Bewertungen wird regelmäßig die Darstellung unserer Hotels auf den Portalen überarbeitet und auf den aktuellsten Stand gebracht. Darüber hinaus veröffentlichen wir mit der »News«-Funktion bei HolidayCheck in den Sprachen Deutsch, Englisch und Spanisch relevante Neuigkeiten wie beispielsweise Renovierungen. Zu Beginn habe ich die Benachrichtigungen für neue Bewertungen aktiviert und Statistiken erstellt, um die Entwicklung auf den Bewertungsportalen analysieren zu können.

Seit Februar 2012 verwenden wir ein kostenpflichtiges Instrument, welches uns hilft, Bewertungen von über zehn für uns relevanten Portalen zu beobachten. Wir erhalten automatisch die neuesten Bewertungen, können diese gezielt auswerten und auf dieser Basis strategische Entscheidungen treffen.

Nach Besuch des »HolidayCheck Trainings« zum Umgang mit Hotelbewertungen und weiteren Fortbildungen haben wir Strukturen und Vorgaben für die Beantwortung von Bewertungen entwickelt. Folgende Richtlinien gelten derzeit für die ›Seaside Hotels‹ der Kanarischen Inseln (Ausschnitt):

## Richtlinien zur Beantwortung von Bewertungen (Ausschnitt)

(…)

★ Wir reagieren schnellstmöglich auf Bewertungen (negative Bewertungen bearbeiten wir innerhalb von 24 Stunden).
★ Wir verfassen keine Standardantworten, verwenden aber einen bestimmten Aufbau der Antworten.
★ Wir bleiben stets höflich.
★ Wir erläutern bestimmte Situationen und begründen unser Handeln.
★ Wir vermeiden Humor und Sarkasmus.

Am wichtigsten: Wir bedanken uns bei jedem Gast für seine Bewertung, denn jedes konstruktive Feedback motiviert uns und sorgt dafür, dass wir uns stetig verbessern!
(…)

Um unsere Gäste auf die verschiedenen Bewertungsportale aufmerksam zu machen, wurden folgende Maßnahmen eingeführt:

★ Gäste erhalten nach der Abreise ein professionell gestaltetes E-Mailing mit der Bitte, das Hotel online zu bewerten.
★ Innerhalb von sozialen Netzwerken greifen wir das Thema »Bewertungsportale« regelmäßig auf.
★ Pressemitteilungen über den Erhalt von Auszeichnungen und die aktuellen Hotelrankings auf den Bewertungsportalen werden veröffentlicht.

Die bisher schwierigste Bewertung war wohl die erste negative Bewertung, welche wir je für eines unserer Hotels erhalten haben. Darin lobte der TripAdvisor-Bewerter zwar den »wunderschönen Poolbereich« und den »guten Service« – gleichzeitig wurden einige Details durchaus sarkastisch bemängelt (»90 % der Gäste über 60«, »kein Retro-Design«, »Kakerlake in der Dusche«, »Zigarettenqualm«, »Dresscode wie auf der Titanic«).

Als Mitarbeiter des Hotels und der Hotelgruppe fühlt man sich zunächst persönlich betroffen und dies hat sich auch in unserer Antwort widergespiegelt. Mit wachsender Erfahrung haben wir gelernt, die Antworten auf die Bewertungen etwas objektiver als damals anzugehen.

## Der damalige Hotelierkommentar

*Sehr geehrter Gast,*

*vielen Dank für Ihren Kommentar. Wir bedauern, dass der Aufenthalt in unserem Hotel nicht Ihren Erwartungen entsprach. Danke für Ihre lobenden Worte über unseren ausgezeichneten Service, unsere exquisite Gastronomie und die schöne Außenanlage.*

*Unser Hotel ist im Jahr 2002 von dem berühmten Innenarchitekten Alberto Pinto neu gestaltet worden. Schade, dass diese Neugestaltung nicht Ihrem Geschmack entsprach, aber über Geschmack lässt sich ja bekanntlich nicht streiten. In einem 5-Sterne-Hotel ist es durchaus üblich, einen Dresscode einzuhalten. Dies wird von vielen unserer Gäste,*

*Das ›Seaside Grand Hotel Residencia‹ wurde von TripAdvisor mit dem Travellers' Choice Award 2012 als bestes Hotel Spaniens ausgezeichnet*

*auch den Jüngeren, sehr geschätzt und ist mit ein Grund, weshalb viele gerade unser Hotel immer wieder buchen.*

*Wir wünschen Ihnen weiterhin alles Gute und verbleiben (…)*

## Ergebnisse

Seitdem wir Hotelbewertungen systematisch auswerten und beantworten und auch daran arbeiten, das Feedback unserer Gäste umzusetzen, hat sich die Anzahl der Bewertungen stetig erhöht und innerhalb eines Jahres insgesamt verdoppelt. Dieser Anstieg hat dafür gesorgt, dass sich alle unsere Hotels im Ranking der Bewertungsportale verbessert haben. Heute gehören alle vier Hotels zu den Top 5 der am besten bewerteten Hotels in Maspalomas, Playa del Inglés und Puerto del Carmen.

Nicht nur die hohe Anzahl an Bewertungen verdeutlicht, wie wichtig Bewertungsportale für Hotels sind, sondern auch die Inhalte haben sich mit der Zeit verändert. Die Gäste nehmen sich immer mehr Zeit, um Bewertungen zu verfassen und schreiben zum Teil sehr detaillierte Erfahrungsberichte. Darüber hinaus sagen neue Gäste ganz klar, dass sie aufgrund der gelesenen Bewertungen das Hotel gebucht haben. Für unsere Hotels haben die Bewertungsportale den Vorteil, dass neue Gäste wissen, was sie erwartet und mit welchem Service sie bei uns rechnen können.

Das Feedback der Gäste ist für die ›Seaside Hotels‹ eines der wichtigsten Instrumente, um den hohen Standard beizubehalten und sich kontinuierlich zu verbessern.

*Liza Kapageridou war bis Ende 2012 bei den ›Seaside Hotels S.L.‹ (Gran Canaria) zuständig für Sales und Marketing. Sie kümmerte sich um die Bereiche Social Media, Online-Reputation Management sowie CRM.*

## Best Western Hotels Deutschland

*Gloria Wagner, Christoph Schug*

›Best Western‹ ist eine qualitätsorientierte, internationale Hotelkette, die unternehmerisch unabhängige Hotels unter einer Marke vereint. Mit über 4.000 Hotels in mehr als 90 Ländern ist ›Best Western‹ die größte Hotelkette der Welt. In Deutschland und Luxemburg gehören knapp 200 individuelle Hotels zur ›Best Western Hotels Deutschland GmbH‹. Die Tagungs-, Stadt- und Ferienhotels der Marke ›Best Western‹ garantieren weltweit einheitliche Qualitätsstandards und bieten gleichzeitig einen individuellen Stil und lokalen Flair. Neben der Kernmarke präsentiert ›Best Western‹ die Hotelkategorien »Best Western Premier« und »Best Western Plus«, die sich durch zusätzliche Serviceangebote und Ausstattung qualifiziert haben. Zudem verfügt ›Best Western‹ über eigene Reservierungszentralen. Know-how-Transfer ist eine der weiteren Aufgaben von ›Best Western‹: Im eigenen Trainingsinstitut werden wichtige Fachkenntnisse vermittelt und geschult. Das Loyalitätsprogramm für Vielreisende heißt »Best Western Rewards« mit weltweit 15 Millionen Mitgliedern.

### *Aktiver Umgang mit Hotelbewertungen*

Seit Herbst 2007 nutzen weltweit alle ›Best Western‹-Hotels ein System für Gästebefragungen, welches speziell auf ›Best Western‹ zugeschnitten ist. Wir haben uns auf die Fahne geschrieben »führend in der Industrie und im Kundenservice zu sein« und nach diesem Motto wird auch mit Gästebewertungen umgegangen. Alle Hotels sind bemüht, Beschwerden professionell, unbürokratisch und kundenorientiert zu handhaben. Wir sehen jede Beschwerde als Chance uns zu verbessern und unsere Gäste wissen die einheitliche gute Betreuung zu schätzen.

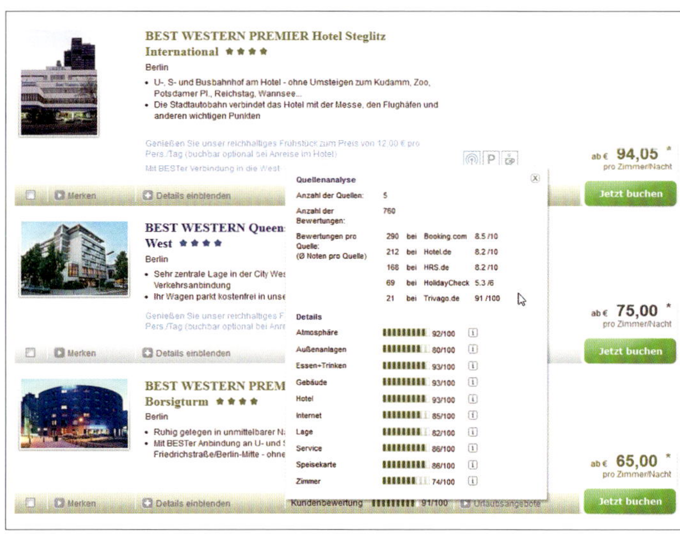


*Auf dem Portal www.bestwestern.de werden Hotelbewertungen transparent dargestellt*

In jedem Quartal werden alle ›Best Western‹-Hotels in Deutschland und Luxemburg hinsichtlich ihrer Qualität mit dem sogenannten »Quality Performance Index« untereinander verglichen. Hier wird für die Hotels ersichtlich, wo sie im Vergleich mit den anderen

Hotels der Kette stehen und wie sie sich innerhalb der vorangegangenen Quartale verbessert oder verschlechtert haben. Einmal im Jahr wird zudem der »Best Western Quality Award« an die besten Hotels vergeben. In den »Quality Performance Index« fließen die Ergebnisse der Qualitätskontrolle, die Ergebnisse des Best-Western-eigenen Bewertungsportals und die Ergebnisse externer Portale mit ein.

Seit Anfang 2011 werden zudem die Bewertungen der ›Best Western‹-Hotels auch auf der Homepage www.bestwestern.de angezeigt. Auch erhält der Nutzer eine Information, aus welchem Portal die Bewertung stammt.

## *Auch externe Portale sind relevant*

Neben dem Best-Western-eigenen Bewertungsportal können Gäste ihr Feedback auch auf anderen Kanälen hinterlassen. Alle ›Best Western‹-Hotels sind dazu angehalten, regelmäßig diese Portale zu kontrollieren und auch hier mit der gleichen Sorgfalt auf Gästemeinungen zu reagieren. Da sich unter der Marke ›Best Western‹ sowohl Tagungs-, Stadt- und Ferienhotels vereinen, sind jene Portale am wichtigsten, bei denen Hotels eine ausreichende Anzahl an Bewertungen sammeln. Derzeit fließen folgende Bewertungsportale in den »Quality Performance Index« mit ein: hotel.de, hrs.de, HolidayCheck und booking.com. Diese Portale werden ständig auf ihre Relevanz hin überprüft und angepasst.

## *Motivation zur Bewertungsabgabe*

Feedbacks können auf drei unterschiedlichen Wegen in das Best Western-Bewertungssystem gelangen: Gäste, die bei der Buchung ihre E-Mail-Adresse angeben, werden nach ihrem Aufenthalt um eine Bewertung gebeten. In den Hotelzimmern selbst liegt ein Fragebogen aus. Zudem wird die Seite bwfeedback.com auf verschiedenste Weise beworben, so z. B. auf den Schreibunterlagen an der Rezeption oder mit »Post-its«, die auf die Rechnung geklebt werden. Für die Bewertungen über unser eigenes Bewertungsportal bekommen »Best Western Rewards«-Mitglieder 250 Rewards Punkte als Dankeschön. Einige Häuser haben auch ganz ausgefallene Ideen zur Motivation. So verschenkt eines unserer Hotels eine regionale Wurstspezialität und erklärt: »Lieber Gast – Sie sind uns nicht Wurst, bei uns dürfen Sie Ihren Senf dazugeben!«

> ***Wir haben übrigens festgestellt, dass jene ›Best Western‹-Hotels, die ihre Gäste aktiv um Bewertungen bitten, nicht nur mehr Feedbacks erhalten, sondern auch bessere Ergebnisse erzielen.***

## *Arbeitsteilung beim Umgang mit Feedback*

In erster Linie ist jedes Hotel für seine Bewertungen und eventuelle Kritik selbst zuständig. Landet eine Bewertung im »Best Western Servicecenter«, so nimmt der jeweilige Servicemitarbeiter sich der Bewertung an. Sowohl positive als auch negative Bewertungen werden dem jeweiligen Hotel mitgeteilt. Je nach Beschwerde kann der Servicemitarbeiter dem Kunden direkt weiterhelfen oder entgegenkommen, ansonsten wird die Beschwerde an das jeweilige Hotel weitergeleitet, um der Sache auf den Grund zu gehen.

In den Hotels ist das Thema recht unterschiedlich aufgehoben, teils sind Bewertungen »Chefsache«, teils gibt es einzelne Mitarbeiter, die sich um das Thema kümmern. Alle ›Best Western‹-Hotels sind dazu angehalten, auf negative Bewertungen in einer angemessenen Zeit zu reagieren. Wir achten darauf, dass Beschwerden professionell, unbürokratisch und kundenorientiert handgehabt werden. Aber auch auf positive Bewertungen wird häufig reagiert und dem Gast dafür gedankt. Manche Hotels teilen diese positiven Bewertungen dann auf ihrer Facebook-Seite.

Einige Bewertungen haben aber so ihre Tücken. Schwierig wird es, wenn es um subjektive Sachverhalte geht oder dem Hotel böswillig geschadet werden will. Bei subjektiven Wahrnehmungen hat ein Hotel immer die Chance, die Gegebenheiten über einen Hotelierkommentar für andere Nutzer richtigzustellen. Bei unwahren Behauptungen empfehlen wir den Hotels, beim jeweiligen Portal eine Löschung zu beantragen. Dies ist zum Beispiel vor Kurzem passiert, als ein Gast (wohnhaft in Düsseldorf) über ein Hotel in Düsseldorf geschrieben hatte, dass dort das Personal stehle und keiner dieses Hotel besuchen solle.

Unseren Hotels bieten wir interne Schulungen an, die eine Übersicht zu den verschiedenen Bewertungsportalen und Hilfestellungen zum richtigen Reagieren geben. Neben der jährlichen Qualitätsprüfung finden auch Betreuungsgespräche mit den Hotels statt, bei denen Hotelbewertungen helfen, die Ist-Situation zu klären und Verbesserungspotenziale zu erarbeiten.

*Gloria Wagner ist bei den ›Best Western‹-Hotels Deutschland zuständig für die Servicequalität. Christoph Schug ist Direktor für Qualitätssicherung und Hotelentwicklung.*

## 11.3 Ferienart Resort & Spa, Saas-Fee

*Franziska Schmidt*

Das ›Ferienart Resort & Spa‹ ist eines der führenden Firstclass-Hotels der Schweiz und gehört bei nationalen Branchen-Ratings zu den Top 20-Betrieben. Das Angebot von Ferienart umfasst neben einem vielseitigen Hotelbereich mit 71 Zimmern und drei Restaurants auch einen modernen Wellness- & Wellfit-Bereich sowie eine Seminar- und Eventabteilung zur Organisation von Konferenzen, Events und Incentives. Dank der Kooperation mit der Non-Profit-Organisation

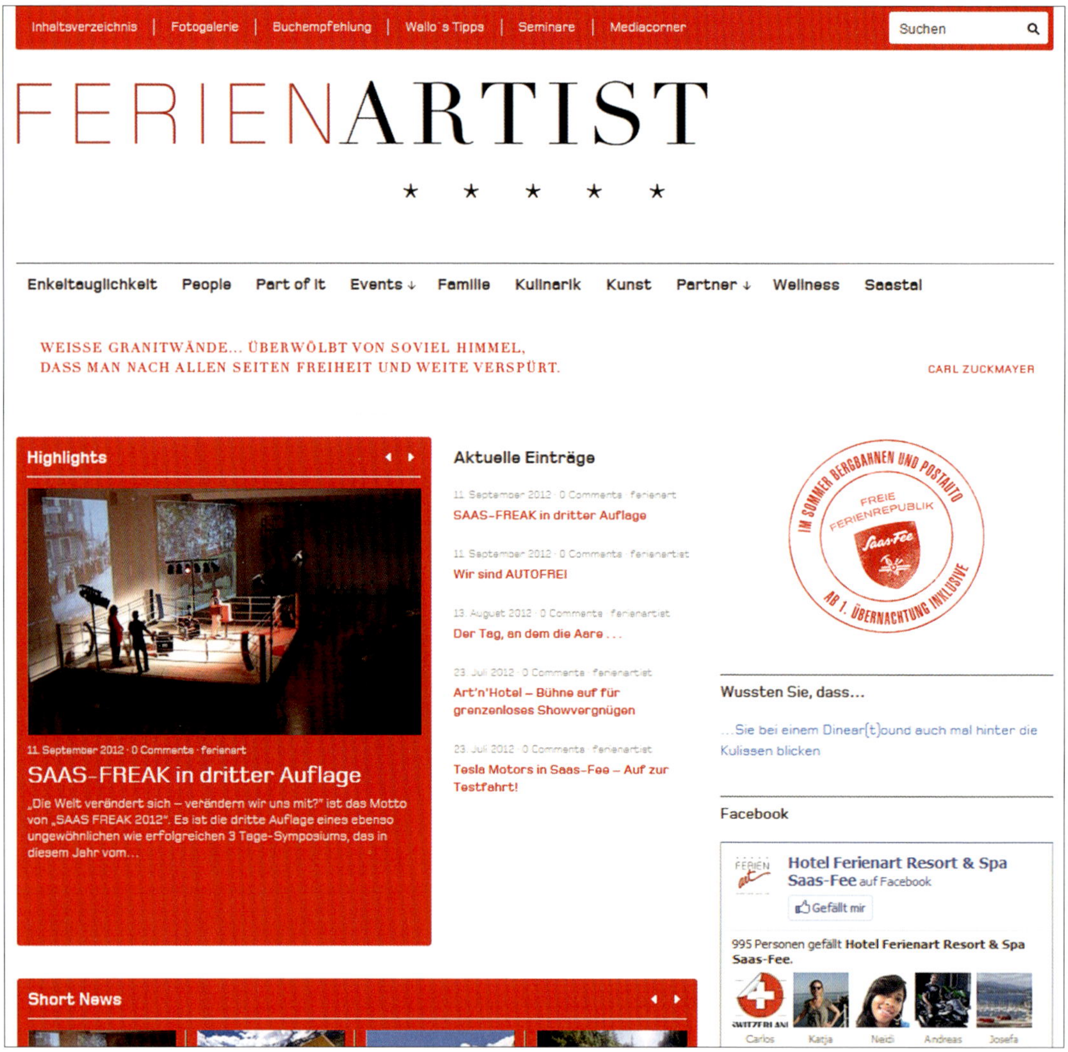


*Das Online-Kundenmagazin »Ferienartist« des 5-Sterne-Hotels ist ein Mix aus Blog, Newsportal und Videokanal, ergänzt mit Social-Media-Inhalten*

»myclimate« garantieren wir unseren Gästen klimaneutrale Ferien, was besonders im 5-Sterne-Segment eine Seltenheit darstellt. Bis zu 95 Mitarbeiter sorgen für das Wohl der anspruchsvollen internationalen Gästeklientel.

### *Gästefeedbacks für den kontinuierlichen Verbesserungsprozess*

Um die hohe Kunst des Ferienmachens Tag für Tag unter Beweis zu stellen, sind wir auf das Feedback und die konstruktive Kritik der Gäste angewiesen. Gästebefragungen und Bewertungsportale sind daher wichtige Instrumente zur kontinuierlichen Verbesserung. Mit dem Relaunch der Hotelwebsite www.ferienart.ch im September 2011 wurden Bewertungen prominenter in das Online-Marketing eingebunden. So findet sich auf der Startseite ein Zitat aus HolidayCheck, aktuell »*Ein Hotel, das Träume erfüllt*«, darunter die Angabe der Quelle und ein Hyperlink, um direkt zum Bewertungsportal zu gelangen. Zusätzlich sind Quick-Links zu HolidayCheck und TripAdvisor integriert. In unserem Online-Kundenmagazin www.ferienartist.ch, das unsere Gäste (»Ferienartisten«) »backstage« immer auf dem Laufenden hält, ist zudem ein Bewertungs-Widget eingebunden.

### *Reaktionen auf Gästefeedbacks*

Aufgrund der mehrheitlich deutschsprachigen Gäste ist für uns das Bewertungsportal HolidayCheck von größter Bedeutung, da es die meisten Bewertungen und die höchste Nutzungsfrequenz aufweist. Dennoch ist TripAdvisor gerade für unsere englischen Gäste von enormer Wichtigkeit und wird von uns mit gleicher Aufmerksamkeit betreut. Unter dem Synonym »Wohlfühlmanagerin« reagiert die Event & Sales Managerin auf Gästebewertungen, findet Erklärungen zu möglichen Schwachstellen und bedankt sich für das abgegebene Feedback. Ist es bei einer negativen Kritik möglich, den bewertenden Gast zu identifizieren, reagieren wir neben dem Online-Feedback mit einem persönlichen Entschuldigungsschreiben. Manchmal versenden wir kleine Wiedergutmachungsgeschenke oder sogar einen Übernachtungsgutschein. Die Reaktion darauf ist sehr positiv.

### *Zu Bewertungen motivieren*

Im Bereich der aktiven Gästebefragung arbeiten wir mit einer speziellen Software. Jeder Gast erhält nach dem Aufenthalt eine E-Mail mit einem Bewertungslink zu unserem System. Ist das Feedback positiv, wird der Gast automatisch um eine Bewertung auf HolidayCheck

*Die ›Villa Kennedy‹ ist das »mit Abstand absolut schönste Hotel Frankfurts« (Die Welt) und Gewinner des TripAdvisor »Travellers' Choice 2012« in der Kategorie Luxus*

Die Auswertung der Kommentare fließt in die Stärken- und Schwächenanalyse der ›Villa Kennedy‹ ein und kann Grundlage für Businessentscheidungen sein, um das Hotelprodukt weiter Gästeerwartungen anzupassen. So wurde die Entscheidung, neue TV-Geräte anzuschaffen auch dadurch gestützt, dass dieser Punkt wiederholt negativ benannt wurde.

Unsere Hotelierkommentare wenden sich an alle Leser und sind erst in zweiter Linie für den kritischen Gast gedacht. Somit bergen alle negativen Bewertungen für uns die Chance, das Bild über die ›Villa Kennedy‹ beim Lesenden wieder gerade zu rücken und eine »zweite Seite der Medaille« zu zeigen. Schwierig wird es, wenn Mitarbeiter angegriffen und persönlich beleidigt werden. Dann bedarf es einer besonders sensibel formulierten Antwort.

*Ines Plantikow ist seit 2006 Executive Assistant des General Managers in der ›Villa Kennedy‹.*

## Boutique-Hotel Stadthalle, Wien 

*Mag. Claudia Plot*

Bei uns im ›3-Sterne-Boutique-Hotel Stadthalle Wien‹ ist alles ein bisschen anders. Wir sind nicht nur das erste Stadthotel mit einer Null-Energie-Bilanz weltweit, auch der bewusste Umgang mit der Natur und deren Ressourcen ist uns ein Herzensanliegen. Mit 160 $m^2$-Solaranlage, 93 $m^2$-Photovoltaikanlage und einer Wasser-Wärmepumpe erzeugen wir selbst die Energie, die wir für unser Passivhaus benötigen. Unser Trinkwasser ist einzigartig für ein Stadthotel: Wir haben es durch Natursteine vitalisiert. Unser Hotel verfügt über 80 Zimmer, davon befinden sich 38 Zimmer im 2010 eröffneten Passivhaus. Die restlichen 42 Hotelzimmer verteilen sich im Stammhaus, einem Wiener Jahrhundertwendehaus, das im Zuge der Bauarbeiten des Null-Energie-Bilanz-Hotels komplett renoviert wurde. Das gesamte Team lebt nach dem Motto »Sei du selbst die Veränderung, die du dir wünscht von dieser Welt«.

Wir beschäftigen uns seit 2010 mit Online-Bewertungen, doch seit 2011 wird wesentlich näher und detaillierter darauf eingegangen. Durch die Einführung des Qualitätsmanagements in unserem Betrieb wurden das Beschwerdemanagement und die Verwaltung der Gästebewertungen zu wichtigen Bestandteilen der Gästebetreuung. Während anfangs nur negative Bewertungen beantwortet wurden, haben wir im Laufe der Zeit begonnen, vier Portale fast täglich zu kontrollieren: TripAdvisor, HolidayCheck, booking.com sowie unseren Stammgastbereich, den »Green Guest Club«, in dem Gäste neben Buchungsanfragen auch Bewertungen online abgeben können. Besonders nette Bewertungen werden seitdem an alle Mitarbeiter weitergeleitet, negative Bewertungen werden im Team besprochen und beantwortet. Des Weiteren führen wir eine Statistik über die Anzahl der Bewertungen auf den verschiedenen Portalen sowie über den Verlauf unserer Platzierung.

Gäste zum Schreiben von Bewertungen zu motivieren erleben wir als anspruchsvoll. Obwohl heutzutage alle gerne online die Berichte von Gästen lesen, gerät der Vorsatz eine Bewertung zu schreiben recht bald in Vergessenheit, wenn man zu Hause den Alltag wieder vorgefunden hat. Dennoch versuchen wir unsere Gäste aktiv aufzufordern eine Bewertung abzugeben: In der Woche nach ihrem Aufenthalt erhalten sie eine Einladung in unseren Stammgastbereich, den »Green Guest Club«. In dieser E-Mail bitten wir unsere Gäste um eine Bewertung und ermöglichen ihnen einen leichten Zugang zu den Bewertungsplattformen durch Direkt-Links.

Erhalten wir Gästebewertungen, online oder in Form eines Gästefragebogens, wird die Bewertung gelesen und geprüft. Finden wir Anregungen zur Verbesserung unseres Services oder auch Fragen, beantworten wir diese meist schriftlich per E-Mail. In besonderen Fällen und je nach Verfügbarkeit der Daten melden wir uns telefonisch bei unseren Gästen – um uns für die Anregungen zu bedanken, Fragen zu klären, beziehungsweise uns für etwaige Fehler zu entschuldigen. Feedback unserer Gäste, welches besonders positiv heraussticht, sowie Feedback mit Kritik wird an das ganze Team weitergeleitet und in der jeweiligen Abteilung besprochen. Somit können wir uns selbst stetig verbessern und immer wieder aus unseren Fehlern und den Anregungen unserer Gäste lernen. So haben wir beispielsweise unser Frühstücksbüfett biozertifizieren lassen, was von unseren Gästen als tolles Qualitätsplus aufgenommen wird. Außerdem führen wir eine Statistik mit Gäste-Wünschen und -Anregungen.

*Das ›Boutique-Hotel Stadthalle‹ ist Träger des HolidayCheck Awards 2012 sowie eines TripAdvisor Zertifikats für Exzellenz 2012*

So fällt schnell auf, wenn ein und derselbe Wunsch öfters genannt wird und wir können sinnvoll umsetzen, was sich eine Vielzahl an Gästen wünscht.

Die Rückmeldungen unserer Gäste einerseits sowie die Beantwortung unserer Gästefragebögen und Online-Bewertungen andererseits, sind sehr wichtig. Fehler passieren, das ist menschlich, doch wir sind gerne Gastgeber und nehmen uns diese Fehler sehr zu Herzen. Durch unsere Rückmeldung zeigen wir, dass wir das Feedback der Gäste ernst nehmen und das spiegelt unsere authentische Freude, Gastgeber zu sein wider. Unsere Gäste freuen sich sehr, dass wir so großes Interesse für ihre Anliegen zeigen und geben uns zu verstehen, dass unsere Rückmeldung uns besonders auszeichnet.

*Mag. Claudia Plot ist beim ›Boutique-Hotel Stadthalle‹ seit 2011 für Qualitätsmanagement zuständig.*

## 11.6 Kronplatz-Resort Berghotel Zirm, Südtirol

*Hans-Peter Schraffl*

Das ›Kronplatz-Resort Berghotel Zirm‹ ist ein familiengeführter Betrieb in zweiter Generation. Die Stärken des Hotels liegen im Outdoorbereich sowie in der Zielgruppe Familien. Mit dem Partnerbetrieb ›Hotel Kristall‹ bildet es das ›Kronplatz-Resort‹, eine Hotelkooperation mit gemeinsamem Gäste-/Outdoorprogramm sowie Vermarktung.

Die ersten Hotelbewertungen für das Resort wurden 2005 abgegeben. Anfangs haben wir den Bewertungen kaum Aufmerksamkeit geschenkt. 2007 wurde dann begonnen, die Leute aktiv auf Bewertungen anzusprechen. Wir waren und sind überzeugt von unserem Produkt, deshalb gab es in unseren Augen kein Argument, welches gegen Gästebewertungen spricht. Der Erfolg ließ nicht lange auf sich warten und 2008 erhielten wir als erstes Hotel in ganz Italien den HolidayCheck Award.

> ***Heute sind für unsere Zielmärkte (Deutschland, Italien) drei Portale wichtig: In Deutschland funktioniert HolidayCheck sehr gut, leider ist das Portal aber auf dem italienischen Markt nahezu unbekannt. Deshalb nutzen wir hier TripAdvisor als stärkstes internationales Portal. Zusätzlich sind aber auch booking.com-Bewertungen sehr wichtig.***

Die Motivation von Gästen zur Abgabe einer Bewertung ist mittlerweile etwas schwieriger geworden. Stammgäste haben schon einmal bewertet und sparen sich deshalb bei einem Folgeurlaub den Eintrag auf HolidayCheck & Co. Es hat sich in den letzten Jahren einiges getan. Inzwischen sind (fast) alle Mitbewerber bei diesem Thema präsent.

Um Gäste für Bewertungen zu gewinnen, haben wir an der Rezeption einen Arbeitsprozess entwickelt: Die Mitarbeiter sind angehalten, Gäste bei der Abreise mündlich auf eine Bewertung anzusprechen. Zusätzlich wird in der Urlaubsnachbearbeitung nochmals in einer Mail auf die Bewertungsportale hingewiesen. Unseren Erfahrungen zufolge ist die »After-Travel-Mail« die beste Methode, um den Gast zu erreichen.

Sind die Bewertungen online, werden sie gezielt unter die Lupe genommen. Bei Stammgästen, Lobeshymnen oder auch Kritik wird

*Für die Hoteliers-Familie Schraffl sind Hotelbewertungen ein entscheidender Erfolgsfaktor*

von unserer Seite immer individuell kommentiert. Werden Personen oder Umstände direkt angesprochen, dann setzen wir uns intern mit dem Punkt auseinander und nutzen dies, um unseren Service noch weiter zu verbessern. Aber nicht nur Kritik wird an unsere Mitarbeiter weitergegeben, sondern auch das Lob unserer Gäste. So erkennt unser Team, wie wichtig ihr guter Service für unser Haus ist. Zusätzlich führen wir noch eine Mängelliste, d. h. Kritikpunkte werden gesammelt und nach jeder Saison analysiert. So sieht man, zu welchem Thema am meisten Verbesserungsvorschläge eingegangen sind und wo noch Handlungsbedarf besteht. »Klassiker« wie zu hohe Getränkepreise etc. können natürlich nicht direkt berücksichtigt werden, sondern müssen anders gelöst werden, z. B. mit einem vielfältigeren Angebot in unterschiedlichen Preiskategorien.

Ein weiterer Vorteil neben der Qualitätssicherung und Produktentwicklung mit Hotelbewertungen ist die Vermarktung. Auf der Website können mit »Widgets« die aktuellen Bewertungen eingeblendet werden. Der Gast vertraut neutralen Bewertungsportalen einfach mehr, als einem Gästebuch des Hoteliers. Zusätzlich haben wir uns

Gedanken gemacht, wie wir den »Offline-Gast« auf die tollen Bewertungen aufmerksam machen können: So steht in jedem Urlaubsangebot der Hinweis auf die Bewertungen für unser Haus. Auch vor Ort konfrontieren wir den Gast ständig mit dem Thema Bewertungen. Sei es in der Zimmermappe, auf Plaketten in der Lobby, in der »Morgenpost« oder im Prospekt. Die Möglichkeiten sind nahezu unbegrenzt und mit etwas Kreativität kann man große Erfolge erzielen.

In der Vermarktung haben uns die HolidayCheck Awards geholfen. Das Award-Logo wurde überall platziert, wo es nur irgendwie möglich war. Auch in Hotelbildern mit der Außenansicht für die Darstellung auf Online-Portalen haben wir das Logo mit eingebaut. Ebenso wurde die Auszeichnung im Gastgeberkatalog unserer Tourismusorganisation übernommen.

Natürlich gab es bei uns im Zirm nicht immer nur »Sonnenschein-Bewertungen«, aber trotz allem stehen wir in HolidayCheck bei einer Weiterempfehlungsrate von 100 %. Der Grund dafür liegt bestimmt in der Qualität des Produktes und unserem Beschwerdemanagement. Der Gast bekommt bei uns das, was er sich erwartet. Dies ist die Grundlage des Erfolges – nicht nur bei Online-Bewertungen, sondern auch in betriebswirtschaftlicher Hinsicht. Zusätzlich zum guten Produkt hat ein klein strukturierter Familienbetrieb große Vorteile im Beschwerdemanagement vor Ort. Jeder Gast kennt die Inhaber und weiß somit, an wen er sich bei Problemen wenden kann. Man entwickelt ein gewisses Gespür für problematische Situationen oder unzufriedene Gäste und kann Probleme noch vor Ort lösen. Wenn man es schafft, unzufriedene Gäste bereits im Hotel abzuholen, dann kann man schlechtere Online-Bewertungen vermeiden.

***Wir empfehlen allen unseren Mitbewerbern den aktiven Umgang mit Hotelbewertungen. Bewertungsportale müssen als Partner, nicht als Feind gesehen werden. Wer es versteht, mit den Gästemeinungen umzugehen, der wird in jeder Hinsicht die »Nase vorn haben«.***

*Hans-Peter Schraffl entstammt der Hotelierfamilie des ›Kronplatz-Resorts Berghotel Zirm‹, welches vier Jahre in Folge den »HolidayCheck Award« gewonnen hat. Er begleitet Hotels im Bereich Webmarketing und wirkt an der Entwicklung von Tourismusportalen mit.*

## Hotel Hochzillertal, Tirol

*Elke Platzer*

Erholung mit der Kraft der Alpen! Unser Hotel mit 31 Zimmern und einer Ferienwohnung liegt im Herzen des Zillertals. Im Sommer sprechen wir Wanderer und Erholungssuchende an und im Winter sind wir für Skifahrer ein ideales Urlaubsresort. Wir gehören keiner Hotelkette oder Gruppe an, sondern sind seit 1979 ein familiengeführter Betrieb.

Wir arbeiten erst seit Winter 2011/2012 aktiv mit Bewertungsportalen. Von besonderer Wichtigkeit für uns sind HolidayCheck, Zoover, booking.com sowie TripAdvisor und Trivago. Für das Bewertungsmarketing ist die Rezeption zuständig. Beim Check-Out bekommen die Gäste ein Kärtchen mit der Bitte, eine Bewertung bei HolidayCheck abzugeben. Dadurch bekommen sie die Möglichkeit, pro Saison einen 3-Tage-Urlaub für zwei Personen zu gewinnen. Unser Marketingbüro zieht jeweils den Gewinner. Durch diese Maßnahmen hat sich das Bewertungsvolumen extrem verbessert.

*Das Team des Hotels Hochzillertal*

Die abgegebenen Gästefeedbacks werden von uns sehr ernst genommen. Realisierbare Wünsche und Vorschläge werden laufend umgesetzt – so haben wir beispielsweise den Frischluftbereich in der Sauna verbessert. Bei Kritik von Stammgästen (z. B. »zu wenige Ablagemöglichkeiten im Zimmer«) berücksichtigen wir das Feedback beim nächsten Aufenthalt. So erhält der Gast dann einfach ein Zimmer mit mehr Ablagemöglichkeiten.

Auf negative Bewertungen reagiere ich immer mit einem »Hotelierkommentar«. Manchmal kommentiere ich auch positive Bewertungen. Einmal habe ich einen Stammgast nach einer Bewertung direkt angeschrieben, da er eine tolle Bewertung bei HolidayCheck abgegeben, aber uns nicht »weiterempfohlen« hatte. Wie ich vermutet hatte, handelte es sich um einen Klickfehler, der umgehend korrigiert werden konnte.

> ***Aus meiner Sicht sind positive Bewertungen das beste Mittel, um neue Gäste zu gewinnen. Deshalb haben wir auf unserer Website und unserer Facebook-Seite »Bewertungswidgets« eingebaut. In unserem Online-Anfrageformular versuchen wir von neuen Gästen zu erfahren, wie sie uns gefunden haben. Das Ergebnis: Zu 80 % werden »Bewertungsportale« als Grund angegeben.***

Da wir vor allem deutsche Gäste begrüßen, ist HolidayCheck für uns besonders relevant. Umso mehr freuen wir uns, dass wir auf dem Portal als kleines Haus über 300 Bewertungen sammeln konnten und mittlerweile das »beliebteste Hotel« in unserem Ort sind. Da macht es auch nichts, dass hin und wieder mal Kritik kommt – wie zum Beispiel von einem Bewerter bei Zoover, der den »dünnen Orangensaft« bemängelt hatte. Grund dafür war ein defekter Saftspender. Da hätte ich mir gewünscht, der Gast hätte sich direkt vor Ort gemeldet, anstelle einer Online-Bewertung nach der Abreise.

*Elke Platzer führt gemeinsam mit ihrem Mann Michael und den Schwiegereltern Annemarie und Josef das ›Hotel Hochzillertal‹ (www.hotel-hochzillertal.at).*

# Oberstaufen Tourismus, Allgäu



*Bianca Keybach*

Die Allgäuer Ferienregion Oberstaufen liegt im Dreiländereck Deutschland-Österreich-Schweiz, unweit des Bodensees. Bekannt wurde der Kurort durch die Schrothkur, einer Art des Heilfastens. Heute bietet die 7.300-Seelen-Gemeinde rund 8.500 Gästebetten, wovon rund 40 % den 60 Hotels zugeordnet werden können. Etwa die Hälfte der Kur- und Urlaubsgäste nächtigen im Hotel. Das Durchschnittsalter der Urlauber liegt bei 46 Jahren und die Aufenthaltsdauer bei durchschnittlich 5,8 Tagen. Darüber hinaus ist Oberstaufen bekannt für seine getränkebezogene Kommunikationsgastronomie, für das Mehrwert-Angebot »Oberstaufen PLUS« und als »digitalster Kurort Deutschlands«.

Seit Sommer 2009 ist die Tourismus-Organisation im Social Web aktiv. Die ersten Erfahrungen wurden vor allem bei Facebook, Twitter, Flickr und Youtube gesammelt. Inzwischen gilt Oberstaufen

*Bianca Keybach auf einem Trike mit »Google«-Streetview-Kamera*

als Vorreiter im Web 2.0, spätestens seit Google dort im November 2011 StreetView frei geschaltet hat, als erste Gemeinde in Deutschland, und nach wie vor als einzigem Ort, der keine Millionenstadt ist. Die gesamte Online-Strategie ist zwischenzeitlich Web 2.0-basiert. Die Startseite des im Dezember 2011 gelaunchten oberstaufen.de besteht aus einer Timeline von integriertem User Generated Content. Die intelligente Suchfunktion nimmt eine bedeutende Rolle ein und der Nutzer kann immer und überall, d. h. auf jeder Unterseite einen Kommentar abgeben. Seit Dezember 2011 sind auch alle Gastgeber online buchbar und werden mit ihren Bewertungen dargestellt. Diese werden über ein Widget der Bewertungssuchmaschine TrustYou integriert.

Außerdem kann jeder Gastgeber auf oberstaufen.de direkt bewertet werden. Diese Note fließt ebenso in das TrustYou-Gesamtergebnis ein. Weiter umfasst die Online-Strategie, dass alle User geduzt werden – egal ob bei Facebook, bei Twitter oder auf der eigenen Website. Ebenso wurde 2011 die digitale Tourist-Information eingeführt. Hierüber können sich Oberstaufen-Interessierte 365 Tage die Woche 24 Stunden am Tag an die Tourist-Info wenden, indem sie sie über die sozialen Netzwerke oder die Oberstaufen-Website kontaktieren. Damit dies auch im Urlaub vor Ort gefördert wird, gibt es in Oberstaufen für die Urlaubsgäste kostenloses WLAN.

Die Oberstaufen Tourismus Marketing GmbH als verantwortliche Tourismusorganisation hat die Gastgeber frühzeitig geschult, um die Angst vor Bewertungen zu reduzieren und diese als Instrument zur Gästegewinnung und -bindung zu nutzen. Gäste werden vom Gastgeber direkt aufgefordert, eine Bewertung über ihren Betrieb abzugeben. Wer online über www.oberstaufen.de bucht, erhält zwei Tage nach seiner Rückkehr ein automatisiertes Schreiben der Tourismusorganisation mit der Bitte um Bewertungsabgabe. Die Gastgeber sind angehalten, auf jede Bewertung zeitnah zu reagieren und öffentlich zu antworten. Dank entsprechender Schulungen haben viele erkannt, dass vor allem negative Bewertungen eine große Chance sind. In der Gastgebersuche auf der Oberstaufener Website werden die Gastgeber zwischenzeitlich nicht mehr nach Sternen oder nach dem Alphabet sortiert, sondern nach Bewertungen. Wer am häufigsten weiterempfohlen wird, rangiert ganz oben auf der Liste.

Potenzielle Gäste suchen sich ihre Unterkunft nicht mehr nur über Fotos und Informationen des Gastgebers bzw. durch die Sterneklassifizierung aus, sondern beziehen vor allem auch das was andere

Urlauber über den Betrieb sagen, in ihre Entscheidung ein. In der Folge ist der Anteil der zufriedenen Gäste höher als zuvor, weil im Vorfeld keine falschen Erwartungen geweckt werden, die dann enttäuscht werden. Dies hat wiederum eine negative Bewertung zur Folge.

Die Gastgeber erhalten durch die Bewertungen wertvolle Rückmeldungen über Optimierungspotenzial und Gästewünsche und die Gäste fühlen sich wertgeschätzt, weil man aktiv kommuniziert »Deine Meinung ist uns wichtig«.

> ***Oberstaufener Gastgeber werden überdurchschnittlich häufig bewertet und überdurchschnittlich gut. So erhalten jährlich zahlreiche Oberstaufener Hotels den HolidayCheck Award und auch TrustYou überprüft regelmäßig die Echtheit der Bewertungen, weil diese überwältigend gut sind.***

*Bianca Keybach ist seit 2006 Geschäftsführerin der Oberstaufen Tourismus Marketing GmbH.*

## 11.9 Hamburg Tourismus

*Thorsten Teschner*

Die Hamburg Tourismus GmbH (HHT) ist die offizielle Destinationsmarketing-Organisation der Hansestadt Hamburg. Mit rund 80 Mitarbeitern erwirtschaftete die HHT 2012 einen Umsatz von mehr als 30 Millionen Euro. Durch den Vertrieb von über 200 online buchbaren Hotels, verschiedenen Pauschalen, touristisch relevanter Tickets sowie der »Hamburg Card« wird eine Eigenfinanzierungsquote von 80 % erreicht. Der wirtschaftliche Erfolg trägt somit wesentlich zur Vermarktung der Hansestadt bei.

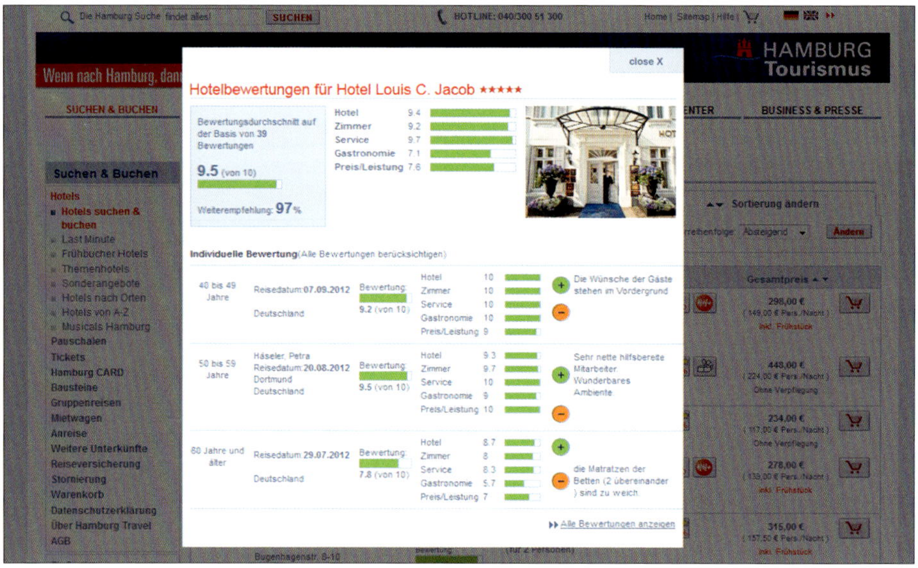


*Auf der Website von Hamburg Tourismus werden Hotelbewertungen direkt in das Online-Buchungssystem integriert*

Die Internetplattform unter www.hamburg-tourismus.de ist die wichtigste touristische Internetseite Hamburgs. Durch die laufende Weiterentwicklung des Portals konnte der Erfolg in den letzten Jahren kontinuierlich gesteigert werden: So verzeichnete der Auftritt im Jahr 2012 über 12,5 Millionen Besucher (Visits), die insgesamt mehr als 80 Millionen Seitenabrufe (Page Impressions) generierten.

### »User Generated Content« als Mehrwert früh erkannt

Im Internet möchten wir Mehrwerte für den Kunden generieren, indem aktuelle Inhalte und Funktionen sowie der Vertrieb online buchbarer Produkte miteinander verknüpft werden. Durch verschiedene vertriebsorientierte Aktivitäten wie z. B. Maßnahmen zur

Optimierung der Konversion (Buchungsrate) sowie professionelles Suchmaschinenmarketing konnte 2012 der Anteil des Online-Umsatzes auf über 60 % des Gesamtumsatzes gesteigert werden. Schon vor den Zeiten von Facebook & Co. wurde die Integration von »User Generated Content«, also Inhalten, die nicht redaktionell, sondern von den Nutzern selbst erstellt werden, immer wichtiger für die Kaufentscheidungen im Internet. Im touristischen Bereich waren es seit 2007 Hotelbewertungssysteme, die dem Kunden durch die Darstellung von Kundenmeinungen die Kaufentscheidung erleichtern sollten. Aus diesem Grund sah sich 2008 auch die HHT vor der Herausforderung, ein Bewertungssystem einzuführen. Damals wurden drei Optionen diskutiert:

- Ein eigenes geschlossenes Bewertungssystem: Hier können Kunden nur Bewertungen zu Leistungen abgeben, die sie selbst gebucht und genutzt haben.
- Ein eigenes offenes Bewertungssystem: Die Nutzer können zu allen Produkten Bewertungen abgeben, unabhängig davon, ob sie die Produkte selbst gebucht oder genutzt haben.
- Einbindung eines Drittanbieters.

Nach Evaluation aller drei Möglichkeiten haben wir ein »geschlossenes Bewertungssystem« in Zusammenarbeit mit dem Lieferanten unseres Buchungssystems entwickelt. Wir hatten die Befürchtung, dass offene Bewertungssysteme dem sogenannten »Bashing«, also der unqualifizierten Meinungsäußerung durch den Kunden, Tür und Tor öffnen könnten. Als Folge wäre die Akzeptanz bei den Leistungsträgern deutlich geringer gewesen. Die Einbindung von Bewertungen von Fremdanbietern hätte für uns auch den Nachteil gehabt, dass kein eigener Content aufgebaut worden wäre. Inhalte hätten nicht in der direkten Hoheit von uns als Website-Betreiber gelegen und wären durch Suchmaschinen nicht als unser Content indiziert worden.

### *So funktioniert die Bewertung bei www.hamburg-tourismus.de*

Kunden, die über uns gebucht haben, erhalten am Tag der Abreise eine E-Mail mit einem Link auf ein Online-Bewertungsformular. Angelehnt an ein Schulnotensystem können verschiedene Leistungsbestandteile, wie z. B. der Hotelservice, bewertet werden. Zusätzlich können positive und negative Kommentare abgegeben werden. Nach einer redaktionellen Prüfung werden die Bewertungen in unserem Buchungsportal dargestellt und stehen somit dem Kunden als Kriterium zur Entscheidungsfindung zur Verfügung.

Bis heute sind mehr als 50.000 Bewertungen im System und der Anteil jener Gäste, die eine Bewertung abgeben, liegt bei mehr als 40 %. Laut einer eigenen Befragung empfinden 90 % unserer Kunden die Bewertungen als ein wichtiges Entscheidungskriterium für die Onlinebuchung[a].

### *Der Kunde setzt das Vorhandensein von Bewertungen voraus*

Bewertungen sind heute zur Basisanforderung an jedes Buchungsportal geworden. Ist das nicht der Fall, wirkt sich dies negativ auf die Konversion und damit auf die Buchungsumsätze aus. Die Bedeutung unseres Bewertungssystems geht heute jedoch deutlich über die Meinungsbildung beim Kunden hinaus.

---

## Einige Beispiele:

- Qualitätsmanagement: Die HHT bietet den Leistungsträgern verschiedene Stati der Zusammenarbeit an. So werden Partner mit dem höchsten Status z. B. bevorzugt im Internet dargestellt. Voraussetzung hierfür ist das Erreichen einer bestimmten durchschnittlichen Kundenbewertung. Dies dient zur zusätzlichen Qualitätssicherung gegenüber den Leistungsträgern.
- Partnermanagement: Die Kommentare in den Bewertungen werden redaktionell geprüft. Negative Kommentare werden an die Hotels weitergeleitet. Häufen sich negative Kommentare des gleichen Inhalts bei einem bestimmten Leistungsträger, werden diese zur Sprache gebracht. Bleiben die Mängel bestehen, kann der Leistungsträger im Extremfall von der Vermittlung über die HHT ausgeschlossen werden.
- SEO (Suchmaschinenoptimierung): Die Position bei Google ist von vielen, sich schnell ändernden Faktoren abhängig. Dauerhaft große Relevanz für das Ranking haben Bewertungen, die als sogenannte »Rich Snippets« in den Suchergebnissen eingebunden werden.

---

### *Bewertungen als Kommunikationsinstrument*

Bewertungen entwickeln sich zunehmend zu einem integralen Bestandteil unserer Kundenkommunikation und damit der Kundenbindung. Im Rahmen eines immer umfassender werdenden CRM treten wir nicht mehr nur nach der Buchung mit dem Kunden in Kontakt, sondern nutzen verschiedene »Touchpoints«. So werden bereits vor Reiseantritt zusätzliche Informationen zu den wichtigsten Veranstaltungen während des Reisezeitraums bereitgestellt. Während der

[a] Online Kundenzufriedenheitsbefragung HHT, 2011

Reise werden ergänzende Services wie z. B. GPS-unterstützte Touren über mobile Endgeräte angeboten.

Nach der Reise hat der Kunde die Möglichkeit, das gebuchte Produkt zu bewerten und erhält dafür als Anreiz für eine erneute Buchung einen Gutschein für ein »Add-on«. Auf diese Weise kann die Kommunikation mit dem Kunden auf alle Phasen der Reise ausgebaut und die Wertschöpfungskette verlängert werden.

*Thorsten Teschner ist Leiter Internet & Neue Medien bei der Hamburg Tourismus GmbH, die deutschlandweit im Reisevertrieb als eine der erfolgreichsten Destinationsorganisationen gilt.*

# 12 Ausblick

Wir haben HolidayCheck (als Marktführer im deutschsprachigen Raum) und TripAdvisor (als weltweiten Marktführer) darum gebeten, die aktuellen und zukünftigen Entwicklungen bei Hotelbewertungen einzuschätzen. Zusätzlich fassen wir die aus unserer Sicht relevanten Trends zusammen.

# Ausblick der Autoren



*Alexander Fritsch und Holger Sigmund*

Wir beschäftigen uns seit 2009 intensiv mit Hotelbewertungen und Online-Reputation im Tourismus. Gemeinsam mit unserem Trainerteam haben wir bisher über 200 Seminare in ganz Europa durchgeführt. Die Akzeptanz und der Umgang mit Bewertungen unterscheiden sich noch stark von Destination zu Destination. Während in Ländern wie Ägypten oder der Türkei – aber auch im Alpenraum – der aktive Umgang mit Gästefeedback als eine der wichtigsten Herausforderungen für die Hotellerie verstanden wird, gibt es andererseits Regionen, deren Betriebe noch ganz am Anfang stehen. Eines zeichnet sich ganz klar ab: Die Bedeutung des Themas für die Hotellerie steigt weiter rapide an.

## *Hotelbewertungen: Die Trends*

★ **Hotelbewertungen werden mobiler**

Bereits heute erfolgen 20 % der Google-Suchanfragen zu Urlaubsthemen von mobilen Endgeräten[66]. Dieser Trend wird sich noch verstärken, wie auch aus den nachfolgenden Beiträgen von HolidayCheck und TripAdvisor herauszulesen ist. Aber nicht nur die Suche nach einer geeigneten Unterkunft, auch die Abgabe einer Bewertung wird zunehmend mobil erfolgen – vielleicht schon während des Aufenthaltes. Das wird Hoteliers vor ganz neue Aufgaben stellen: Wie reagiert man richtig, wenn der Gast Kritik übt, während er noch vor Ort ist?

★ **Hotelbewertungen werden »sozialer«**

Meinungen sind umso relevanter, je mehr sie den Vorlieben des Nutzers entsprechen. Wer kennt diese besser als der Nutzer selbst und seine Freunde? Durch die Vernetzung mit sozialen Netzwerken wie Facebook oder Google+ erhalten Bewertungen eine zwischenmenschliche Dimension. So werden Bewertungen der »Peergroup« dem Nutzer prominenter dargeboten, beispielsweise durch direkte Integration in Suchergebnisse.

★ **Hotelbewertungen werden individueller**

Ist das Nummer-1-Hotel bei TripAdvisor auch meine erste Wahl? Hotelbewertungen und speziell Ranglisten orientieren sich heute tendenziell an der Massenmeinung, am Massengeschmack. Eine zu den individuellen Wünschen passende Unterkunft zu finden, ist trotz aller Bewertungen oft noch eine langwierige Aufgabe. In Zukunft könnten intelligente Suchsysteme helfen, die persönlichen Präferenzen »lernen«. Eine andere Möglichkeit sind Portale, die für verschiedene Nutzergruppen eine Vorauswahl treffen – ganz wie in alten Zeiten, noch vor den Online-Bewertungen. Die Popularität von Hotelkooperationen wie »Design Hotels« oder spezialisierten Reiseveranstaltern ist also noch lange nicht vorüber. Nur eines ändert sich: Die Gäste beteiligen sich nun aktiv an der Qualitätskontrolle.

★ **Hotelbewertungen sorgen für Qualitätsbereinigung**

Auf wie viel Erfolg darf ein Hersteller hoffen, dessen Produkt bei ›Stiftung Warentest‹ oder ›Ökotest‹ mit »mangelhaft« beurteilt wird? Wahrscheinlich wird das Produkt recht schnell vom Markt verschwinden – außer, dessen Qualität verändert sich signifikant zum Positiven. Eine ähnliche Entwicklung zeichnet sich in all jenen Tourismusregionen ab, in denen Vorreiter-Hotels aktiv mit Hotelbewertungen arbeiten und Erfolg damit haben. Der Druck auf andere Betriebe wächst. Die Folgen: Betriebe mit guter Qualität florieren und Betriebe mit Defiziten haben es deutlich schwerer als bisher.

# Gastbeitrag: HolidayCheck



*Georg Ziegler*

HolidayCheck ist keine anonyme Reiseplattform – HolidayCheck ist der Ort in der Reisewelt, an dem Reisende und Hoteliers zusammengebracht werden. Statt einem kostenpflichtigen nebeneinander, bietet HolidayCheck den Anbietern und den Kunden eine kostenfreie Dialogplattform, auf der Reisende das passende Hotel und Hoteliers die passenden Kunden finden können. Zudem gibt es wohl keine andere Bewertungsplattform, die soviel Personal, Aufwand und Geld investiert, um Qualität und Dialog auf dem Portal sicherzustellen und für Kunden wie für Hoteliers erreichbar und ansprechbar zu sein. HolidayCheck hat sich seit jeher sehr dem Verbraucherschutz verpflichtet gefühlt und verfolgt in seinem Handeln stets das Ziel, jedem Reisenden die beste Möglichkeit zu bieten, das für ihn passende Hotel zu finden, zu buchen und seine Erfahrungen zu teilen.

## *Die Diskussion um Manipulationen*

Bei der aktuellen Diskussion um Manipulationen vergisst man oft einen ganz zentralen Punkt: die Gäste. Die Erwartungshaltung von Gästen wird sehr von den Erfahrungen und Meinungen anderer Gäste beeinflusst. Bilden sich also Erwartungen anhand von gefälschten Bewertungen, schadet sich ein solches Hotel am Ende selbst – denn es legt den Grundstein für eine Reihe von unzufriedenen Gästen die etwas anderes erwartet haben und natürlich das Hotel im Anschluss auch entsprechend bewerten. Je mehr Menschen ihre Erfahrungen teilen, desto irrelevanter wird letztendlich der Versuch der Manipulation. Dessen ungeachtet verstößt das Verfassen von gefälschten Hotelbewertungen heute schon gegen geltendes Recht und wird möglicherweise in absehbarer Zeit von einem Gericht auch als strafbare Handlung festgestellt werden.

## *Offene Bewertungsportale im Vorteil*

In Zukunft werden Hotelbewertungen und Erfahrungen von Reisenden für den Gast wie für den Hotelier wohl nicht mehr wegzudenken sein. Gerade auf offenen Portalen wie HolidayCheck können dank der Meinungen der verschiedenen Gäste – ungeachtet wo sie gebucht haben – die wahren Kernmerkmale und Stärken eines Hotels herausgestellt werden. Das Hotel kann sich unabhängig von Provisionshöhe oder Umsatzvolumen (wie bei reinen Buchungsportalen) bei HolidayCheck so positionieren, dass die passenden Kunden auf seine Angebote und seine Eigenschaften aufmerksam werden.

Auf HolidayCheck findet die Buchungsentscheidung statt – davon profitiert vor allem auch der Direktvertrieb des Hotels. Wenn ein Hotelier das verstanden hat, wird ihm schnell klar, dass die Hotelbewertungen bei HolidayCheck für seinen Unternehmenserfolg einen wichtigen Erfolgsfaktor darstellen, wenn er das Thema aktiv in seinem Betrieb umsetzt.

## *Mobile Abgabe von Hotelbewertungen*

Die Nutzung von mobilen Geräten wird das Sammeln und Teilen von Erfahrungen eines Hotelaufenthalts noch einmal auf eine neue Stufe stellen. Einerseits natürlich aus Sicht der Authentizität, wo durch die GPS-Funktionen noch eindeutiger ermittelt werden kann, dass der Kunde vor Ort war; andererseits aber auch aus Sicht des Hoteliers, der bei einer Kundenreaktion vor Ort auch direkt reagieren kann, um auf einen Mangel einzugehen oder einen unzufriedenen Gast zu einem zufriedenen Kunden zu wandeln.

> ***Dass die mobilen Endgeräte eine Vielzahl an Funktionen mitbringen (Kamera, GPS, Internet), macht sie auch vor Ort zum Reiseführer, Ratgeber und Kommunikationskanal – das bedeutet natürlich auch, dass Inhalte lokaler und vor allem individueller werden, denn das Mobilgerät »kennt mich ja«, es weiß wer ich bin und was mir gefällt. Die große Herausforderung für den Gastgeber wird sein, dem Gast ad hoc Hilfestellung, Lösungen oder Angebote anzubieten, wenn dieser seine Erfahrungen teilt. Das bringt allerdings auch den Vorteil, auf die Gästewünsche und Bedürfnisse noch vor Ort eingehen zu können und damit zufriedene Kunden zu schaffen.***

## *In Zukunft werden Bewertungen noch wichtiger*

In den kommenden Jahren wird es wohl keine Diskussionen mehr geben, ob HolidayCheck oder Hotelbewertungen sinnvoll sind. Die Frage wird sein, wie man die Hotelbewertungen am besten einsetzt und sie hinsichtlich Qualitätsmanagement und Marketing nutzen kann. Schon heute arbeiten zahlreiche Hotelketten, Veranstalter, Reiseportale und Individualhotels aktiv mit HolidayCheck zusammen und nutzen die Hotelbewertungen.

Bei HolidayCheck selbst wird die Suche, Auswahl und Empfehlung von Hotels zukünftig noch deutlich individueller werden. Durch die vielen Erfahrungen und Meinungen der Gäste können Hotels noch individueller findbar werden, denn aus den vielen Empfehlungen verschiedener Gäste weiß HolidayCheck, welches Hotel zu welchen Kunden gut passen kann.

Möglicherweise wird sich auch die Art und Weise wie wir Hotels bewerten, verändern – hin zu einem mehr kollaborativen Ansatz mit einem höheren Interaktionsmoment (gerade auch dank mobiler Geräte), um einen Gesamtüberblick über ein Hotel und die dazu passenden Gäste zu schaffen und an weitere Reisende zu empfehlen.

HolidayCheck wird weiterhin alles dafür tun, für Reisende das Portal zu sein, wo man das für sich passende Hotel am besten finden kann.

*Georg Ziegler ist Head of B2B bei der HolidayCheck AG.*

## 12.3 Gastbeitrag: TripAdvisor

*Pia Schratzenstaller*

Bewertungsplattformen, Urlaubsforen und soziale Websites sind wichtige Informationsquellen für Reisende – dort teilen sie nicht nur ihre eigene Erfahrung, sondern suchen auch nach Tipps und Inspiration für zukünftige Urlaube. Als Steven Kaufer TripAdvisor vor zwölf Jahren gründete, steckte das Thema »Bewertungen im Internet« noch in den Kinderschuhen, heute hat es sich zu einem festen Bestandteil der Reiseplanung entwickelt. Online-Reisebewertungen nehmen einen hohen Stellenwert ein und haben direkte Auswirkungen auf den Entscheidungsprozess der Gäste und somit die Buchung. Daher ist es besonders wichtig für Unternehmen, online aktiv zu sein und sich bestmöglich zu präsentieren.

TripAdvisor bietet als weltweit größte Reisewebsite eine interaktive Plattform, auf der Reisende und die Reiseindustrie offen und ehrlich Meinungen und Erfahrungen austauschen. Erst kürzlich haben wir den 75-millionsten Erfahrungsbericht auf TripAdvisor gefeiert, unsere Community postet zurzeit 60 neue Beiträge pro Minute. Zum Vergleich: Vor einem Jahr waren es noch 25 Beiträge pro Minute. Diese Entwicklung unterstreicht, welche Bedeutung dem Erfahrungsaustausch im Internet zuzusprechen ist. Eine von TripAdvisor in Auftrag gegebene Forrester-Umfrage[a)] hat ergeben, dass für 81 % der Reisenden Bewertungen bei der Urlaubsplanung wichtige Hinweisgeber sind und fast die Hälfte der Befragten keine Unterkunft ohne Erfahrungsberichte buchen würde.

### *Hoteliers und Gäste im Dialog*

Das Vertrauen, das unsere Mitglieder in uns setzen, ist uns sehr wichtig, daher steht für uns die Authentizität der Inhalte an erster Stelle. Bei uns spiegeln sich Zuverlässigkeit und Glaubwürdigkeit der Bewertungen in unserer hohen Nutzerloyalität wider. Unsere Community von über 60 Millionen[b)] Usern vertraut und legt Wert auf die Meinung der anderen Reisenden. Wir haben unsere Mitglieder kürzlich befragt[c)] und 92 % stimmten der Aussage zu, dass Hotelbewertungen auf TripAdvisor »mir helfen, das richtige Hotel für meine Reise-Bedürfnisse auszuwählen«. 83 % gaben an, keinen Urlaub zu buchen ohne vorher die Bewertungen auf TripAdvisor konsultiert zu haben.

a) »TripAdvisor Custom Online Survey 2010«, durchgeführt von Forrester Consulting, in Auftrag gegeben von TripAdvisor, Dezember 2010
b) comScore Media Metrix für die TripAdvisor Websiten, weltweit, Juli 2012
c) Laut einer PhoCusWright-Umfrage im Juli 2011 mit 3.641 Teilnehmern. Umfrage-Teilnehmer wurden zufällig mithilfe eines Pop-up-Fensters auf TripAdvisor.com zur Teilnahme aufgefordert.

## Mobil um die Welt reisen

Das Thema »mobile« ist für TripAdvisor ein interessantes Wachstumsfeld, auf dem wir bereits aktiv tätig sind. Wir bieten unseren Usern 28 länderspezifische mobile Websites in 20 Sprachen und unsere App wurde bereits in 90 Ländern heruntergeladen. Damit sind wir nach Google Earth die meistgefragte Travel-App weltweit. Im Laufe des vergangenen Jahres haben wir neue Applikationen für neue Plattformen entwickelt, inklusive iPad und Windows Phone 7. Außerdem haben wir unseren Mobile-Angeboten neue Funktionen hinzugefügt, darunter »Virtual Tours«, »Live View« und »My Saves«. Für TripAdvisor steht »mobile« auch weiterhin im Fokus, da der Einsatz von Smartphones und Tablets auf der ganzen Welt stetig steigt. Wir erkunden weiterhin Möglichkeiten, Reisenden die Stärke der weltgrößten Reiseseite an die Hand zu geben – unabhängig davon, wo sie sich befinden und welches Endgerät sie verwenden.

> ***Zudem sehen wir viel Potenzial im Social-Media-Umfeld: Seit 2007 arbeiten wir eng mit Facebook zusammen und erweitern diese Zusammenarbeit um neue spannende Applikationen, um unserer Community immer und überall Zugriff auf Erfahrungsberichte zu ermöglichen. Seit Kurzem gibt es »Local Picks« – die Facebook-App bündelt Restaurant-Tipps von Einheimischen sowie Freunden und präsentiert von Lokalen über Bars bis hin zu Gourmet-Tempeln, was es kulinarisch zu entdecken und auszuprobieren gilt.***

Dank gilt in erster Linie unseren treuen Mitgliedern, für die Erfahrungsberichte aus dem Alltag gar nicht mehr wegzudenken sind und die uns dabei unterstützen, unsere Plattform zu dem zu machen, was sie ist.

*Pia Schratzenstaller ist die Pressesprecherin von TripAdvisor für Deutschland.*

## 12.4 Quellen


[1] BMW Group (2011): Das neue BMW Online und BMW Live Portal. Abgerufen am 2. September 2012 von www.press.bmwgroup.com/pressclub/p/de/pressDetail.html?id=T0120061DE

[2] Schaal, D. (2012): Auto-matic – BMW drives navigation system hotel bookings and NFC. Abgerufen am 2. September 2012 von www.tnooz.com/2012/04/16/mobile/auto-matic-bmw-drives-navigation-system-hotel-bookings-and-nfc

[3] TripAdvisor (2012): TripAdvisor Hits 75 Million Reviews And Opinions Milestone. Abgerufen am 1. Oktober 2012 von www.tripadvisor.com/PressCenter-i5270-c1-Press_Releases.html

[4] Netmarketshare (2012): Desktop Search Engine Market Share. Abgerufen am 3. August 2012 von www.netmarketshare.com/search-engine-market-share.aspx?qprid=4

[5] Die Zeit (13. September 2012): Wie wird Facebook wieder cool? Die Zeit, S. 23

[6] Wikipedia (2012): Twitter. Abgerufen am 8. Juli 2012 von http://de.wikipedia.org/wiki/Twitter

[7] TripAdvisor (2012): TripAdvisor reveals travelers' social sharing habits. Abgerufen am 26. September 2012 von http://hotelmarketing.com/index.php/content/article/tripadvisor_reveals_travelers_social_sharing_habits

[8] Google Vortrag, the ALPS, 5. Juni 2011

[9] Eurobarometer (2011): Survey on the attitudes of Europeans towards tourism. Analytical report, Wave 3. Abgerufen am 11. September 2012 von http://ec.europa.eu/public_opinion/flash/fl_328_en.pdf

[10] FUR (2011): Die 41. Reiseanalyse RA 2011. Abgerufen am 4. September 2012 von www.fur.de/index.php?id=zentrale_ergebnisse

[11] Friedlander, RJ (2011): Best Practices in Hotel Reputation Management. Abgerufen am 17. Juli 2012 von www.sabrehospitality.com/blog/2011-06-15/best-practices-in-hotel-reputation-management

[12] Teufel, M. (2010): Social Media im Tourismus: Erfolgspotentiale von Hotelbewertungsplattformen. Abgerufen am 3. September 2012 von http://blog.falkensteiner.com/social-media-im-tourismus

[13] TripAdvisor (2012): Wie Reisende Bewertungen interpretieren: Die Fakten. Abgerufen am 17. September 2012 von http://tripadvisor4bizde.wordpress.com/2012/03/01/wie-reisende-bewertungen-interpretieren-die-fakten

[14] Dickinger, A. (2008): Customer Reviews as Drivers of Hotel Online Booking. Abgerufen am 7. Juli 2010 von www.modul.ac.at/blog/2008-08-customer-reviewsas-drivers-of-hotel-online-booking

[15] TTG Nordic (2011): Hotel star ratings may be scrapped in UK. Abgerufen am 8. August 2012 von www.ttgnordic.com/news/item/242-hotel-star-ratings-may-be-scrapped-in-uk

[16] Gatterer, H., Rützler, H. (2012): Hotel der Zukunft. Stuttgart: Matthaes, S. 78

[17] TripAdvisor (2011): TripAdvisor Seminar Presentation. Abgerufen am 17. September 2012 von http://de.slideshare.net/eTourismAfrica/trip-advisor-seminar.

18 Comscore (2007): Online Consumer-Generated Reviews Have Significant Impact on Offline Purchase Behavior. Abgerufen am 24. März 2012 von www.comscore.com/Press_Events/Press_Releases/2007/11/Online_Consumer_Reviews_Impact_Offline_Purchasing_Behavior

19 Gretzel, U.,Yoo, K. H. and Purifoy, M. (2007): Online Travel Review Study: Role and Impact of Online Travel Reviews. Laboratory for Intelligent Systems in Tourism, Texas A & M University

20 Bieger, T. (2008): Management von Destinationen. München: Oldenbourg

21 F.U.R. Reiseanalyse (2009)

22 TripAdvisor (2012): Wie Reisende Bewertungen interpretieren: Die Fakten. Abgerufen am 5. Mai 2012 von http://tripadvisor4bizde.wordpress.com/2012/03/01/wie-reisende-bewertungen-interpretieren-die-fakten

23 Der Standard (21. März 2009): Bereits Dreijährige folgen der Meinung der Mehrheit. Abgerufen am 8. August 2012 von http://derstandard.at/1237227963604/Bereits-Dreijaehrige-folgen-der-Meinung-der-Mehrheit

24 Schmeißer, D. R. (2008): Kundenbewertungen in der eTouristik – Segen oder Fluch? Psychologie der Reiseentscheidung im Social Web. In D. Amersdorffer et al.: Social Web im Tourismus, Berlin: Springer-Verlag

25 VIR, IUBH (2011): Studie zur Bedeutung & Glaubwürdigkeit von Bewertungen auf Internetportalen. Ergebnispräsentation einer Online-Befragung von 1.039 Nutzern.

26 World Travel Market's Industry Report (2012)

27 Ye, Law, Gu (2009): The impact of online user reviews on hotel room sales. International Journal of Hospitality Management.

28 REWE Touristik (2011): REWE Touristik setzt auf Kundenempfehlungen. Abgerufen am 1. Oktober 2012 von www.rewe-touristik.com/offen/presse/aktuelles/index-detail.php?presseId=874

29 The Wall Street Jounal Online (2010): ›I Hate My Room‹, The Traveler Tweeted. Ka-Boom! An Upgrade! Abgerufen am 15. September 2012 von http://online.wsj.com/article/SB10001424052748704256304575320730977161348.html

30 brand eins (September 2012): Urlaub nach Gusto. S. 71

31 Vgl. zum Beispiel Erevelles, S., Leavitt, C. (1992): A Comparison of Current Models of Consumer Satifaction, Dissatisfaction. In: Journal of Satisfaction, Dissatisfaction and Complaining Behaviour, Vol 5, S. 104-114 oder Oliver, R.L. (1997): Satisfaction: A Behavioral Perspective on the Consumer. Boston

32 Die Zeit (30. August 2012): Der letzte Schrei. S. 70

33 Reevoo (2011): Bad Reviews are good for Business. Abgerufen am 11. September 2012 von www.reevoo.com/resources/ebooks/bad-reviews-are-good-business

34 TrustYou (2010): Was hat Meckerpotential? Die Top10 der häufigsten Beschwerden in Hotels. Abgerufen am 30. September 2012 von www.trustyou.com/blog/was-hat-meckerpotential-die-top10-der-haufigsten-beschwerden-in-hotels-1860?lang=de

[35] ZDF heute nacht (2. Oktober 2012): Komfort wie im Knast: Das schlechteste Hotel der Welt.

[36] Focus (2012): »Der Erfolg in Deutschland beflügelt«. Interview mit Dieter Müller. Abgerufen am 13. September 2012 von www.focus.de/reisen/urlaubstipps/hotellerie/motelone-chef-dieter-mueller-der-erfolg-in-deutschland-befluegelt_aid_702362.html

[37] Amano Group (2012): Berlin erleben mit der AMANO iPhone App. Abgerufen am 01. August 2012 von www.amanogroup.de/category/blog

[38] Craig, D. E. (2010): Best practices for a top ranking on TripAdvisor. Abgerufen am 5. Februar 2011 von http://hotelmarketing.com/index.php/content/article/best_practices_for_a_top_ranking_on_tripadvisor

[39] Schegg, R. (2010): Vergleichende Analyse der Kundenzufriedenheit bei klassischen Befragungen und auf Websiten mit Hotelbewertungen. In: D. Amersdorffer et al. (Hrsg.), Social Web im Tourismus. Berlin: Springer-Verlag

[40] TrustYou (2009): Factsheet. Abgerufen am 11. September 2012 von www.trustyou.com/news/wp-content/uploads/2009/03/factsheet-en.pdf

[41] TrustYou (2011): Expertentipp Hotelportale im Internet: Jede Bewertung zählt. Abgerufen am 11. September 2012 von www.trustyou.com/blog/expertentipp-hotelportale-im-internet-jede-bewertung-zahlt-2554?lang=de

[42] Gartner (2012): Gartner Says By 2014, 10-15 Percent of Social Media Reviews to Be Fake, Paid for By Companies. Abgerufen am 27. September 2012 von www.gartner.com/it/page.jsp?id=2161315

[43] Stiftung Warentest (2010): Die besten Portale im Netz. Abgerufen am 11. September 2012 von www.test.de/Hotelbewertung-Die-besten-Portale-im-Netz-1841156-2841156

[44] Monitor (2012): Wissen, was der Markt denkt . Abgerufen am 25. September 2012 von www.monitor.at/index.cfm/storyid/14441_Wie_Sie_mit_Social_Media_Analytics_smartere_Marketing-Entscheidungen_treffen-Wissen_was_der_Markt_denkt

[45] Payandeh (2010): Die Bedeutung von User Generated Content für die Hotellerie. In D. Amersdorffer et al. (Hrsg.), Social Web im Tourismus. Berlin: Springer-Verlag. S. 149 – 159

[46] TripAdvisor (2012): TripAdvisor 2012 Industry Index. Abgerufen am 1. September 2012 von http://cdn.tripadvisor.com/pdfs/email/IndustryIndex_English.pdf

[47] Vásquez, C. (2011): Complaints online: The case of TripAdvisor. Journal of Pragmatics, 43 (6), S. 1707 – 1717

[48] TripAdvisor (2012): Haben Management-Antworten Einfluss auf mein Beliebtheitsranking auf TripAdvisor? Abgerufen am 18. August 2012 von http://tripadvisor4bizde.wordpress.com/2012/05/21

[49] TrustYou (2012): Management Replies, Part II: Why Hotels Must Respond to Guest Reviews. Abgerufen am 17. September 2012 von www.trustyou.com/blog/management-replies-part-ii-why-hotels-must-respond-to-guest-reviews-3031

[50] HolidayCheck (2012): Mediadaten. Abgerufen am 1. September 2012 von www.holidaycheck.de/werbung

[51] Nielsen, J. (2008): How Little Do Users Read? Abgerufen 30. Juni 2012 von www.useit.com/alertbox/percent-text-read.html

[52] Wilkins, H. (2010): Using Importance-Performance Analysis to Appreciate Satisfaction in Hotels. Journal of Hospitality Marketing & Management. Taylor & Francis Group

[53] Bender Stringam, B., Gerdes, J. (2010): An Analysis of Word-of-Mouse Ratings and Guest Comments of Online Hotel Distribution Sites. Journal of Hospitality Marketing & Management, 19:7, S. 773-796

[54] MarketingVOX/RightNow (2010): The Art and Science of the Online Apology. Abgerufen am 2. Oktober 2012 von www.marketingvox.com/the-art-and-science-of-the-online-apology-049626

[55] Kotler, P., Bowen, J., Makens, J. (1999): Marketing for hospitality and tourism (2nd ed.). Upper Saddle River, NJ: Prentice-Hall International

[56] Gursoy, D., Ekiz, E., Chi, C. (2007): Impacts of Organizational Responses on Complainants' Justice Perceptions and Post-Purchase Behaviors, Journal of Quality Assurance in Hospitality & Tourism, 8:1, S. 1–25

[57] Matusitz, J., Breen, G. (2009): Consumer Dissatisfaction, Complaints, and the Involvement of Human Resource Personnel in the Hospitality and Tourism Industry. Journal of Human Resources in Hospitality & Tourism

[58] McCole, P. (2004): Dealing with complaints in services. International Journal of Contemporary Hospitality Management Volume 16

[59] PricewaterhouseCoopers (2012): Experience Radar 2012. In: US Hospitality Industry, Vol. 5

[60] Lee, B. (2012): Marketing Is Dead. HBR Blog Network. Abgerufen am 16. August 2012 von http://blogs.hbr.org/cs/2012/08/marketing_is_dead.html

[61] EyeforTravel (2012): Keeping consumers on site: a review of the process. Abgerufen am 25. September 2012 von www.eyefortravel.com/distribution-strategies/keeping-consumers-site-review-process

[62] Comscore (2007): Online Consumer-Generated Reviews Have Significant Impact on Offline Purchase Behavior. Abgerufen am 24. März 2012 von www.comscore.com/Press_Events/Press_Releases/2007/11/Online_Consumer_Reviews_Impact_Offline_Purchasing_Behavior

[63] Mackenzie, J. (2012): Reputation Management Becomes Revenue Management. Abgerufen am 1. August 2012 von www.reviewpro.com/hotel-reputation-revenue-management-10073

[64] EyeforTravel (2012): Pricing strategies and understanding the value conscious and social consumer. Abgerufen am 2. September 2012 von www.eyefortravel.com/revenue-and-data-management/pricing-strategies-and-understanding-value-conscious-and-social-consumer

[65] ehotelier (2012): The 5 Golden Rules of Social Media ROI. Abgerufen am 14. September 2012 von http://ehotelier.com/hospitality-news/item.php?id=22717_0_11_0_C

[66] Buchholz, N. (2011): search engine update. Vortrag von Google Travel UK beim World Travel Market 2011.

## 12.5 Autoren

***Alexander Fritsch*** ist Experte für Online-Tourismus. Neben seiner Arbeit als Tourismusberater, Trainer und Redner lehrt er als Dozent an der Hochschule in Chur (Schweiz) das Fach »eTourism«.

***Holger Sigmund*** ist Tourismusberater und Trainer und als Incoming- und Vertriebsexperte an einem eigenen Reiseveranstalter beteiligt. An der DHBW Ravensburg (Deutschland) doziert er nebenberuflich im Fachbereich Tourismuswirtschaft.

Mit dem gemeinsamen Unternehmen »Tourismuspartner« gelten die Autoren als die Profis für Hotelbewertungen. Sie veranstalten europaweit Seminare für Unterkunftsbetriebe, Verbände und Hotelketten. Neben der Vermittlung praxisorientierten Know-hows helfen sie, Hotelbewertungen optimal zu nutzen und geben Unterstützung beim Management der Online-Reputation.

### *Kontakt:*

info@tourismuspartner.cc
www.tourismuspartner.cc